还是同学少年

张会军 / 著

中国青年出版社

2007 年，在电影拍摄的新疆外景地。

1979 年 1 月，摄影系“78 班”大学一年级，在朱辛庄学院门口合影，这是摄影系仅有的全体 26 人合影之一。

前排左起：沈星浩、智磊、王左、邓伟、秦竞红、吴菲菲、侯咏、张会军、吕乐、张艺谋。

后排左起：邢树民、孙诚、顾长卫、王小列、王连平、王雁、何青、穆德远、萧风、赵非、汪小跃、陈炎、梁明、屈建伟、郑鸣、张黎。

1982 年，北京电影学院摄影系“78 班”部分同学毕业合影，这张照片成为摄影系“78 班”的经典合影，在世界和国内的各大媒体和报纸上刊登。

前排左起：张艺谋、张会军、王雁、王连平、侯咏、邓伟、智磊。

后排左起：陈炎、吴菲菲、郑鸣、汪小跃、何青、王左、穆德远、萧风、顾长卫、王小列、邢树民、梁明、赵非、秦竞红、孙诚、屈建伟。

1978 年 10 月，我与马柏山、王左、张艺谋、石宪法、顾长卫在朱辛庄学院门口合影。

1983 年，拍摄由深圳影业公司出品、郑会立导演的电影《生死树》，我（操作摄影机者）在广东梅县的拍摄现场工作照。

2002 年，北京电影学院“78 班”毕业同学“20 年聚首”海报。海报上有当时到场的每一位同学的签名，这张签名海报一直放在我的办公室里，是我的珍藏之一。

1992 年 2 月，北京电影学院“78 班”同学重返学院上学旧址朱辛庄举行毕业“10 年首聚”的同学聚会，摄影系“78 班”部分同学在朱辛庄原教学楼门前合影。前排左起王雁、张会军、沈星浩；中排左起孙诚、穆德远、顾长卫；后排是王小列。

2002 年 2 月，北京电影学院“78 班”同学举行毕业 20 周年纪念活动“20 年聚首”，摄影系“78 班”部分同学在会场手拿“1982 年的毕业照片”做冲锋状合影。

1988 年，我在拍摄香港银都机构有限公司拍摄的故事片《黑太阳 731》。图为在拍摄影片中日本关东军的士兵在消毒室内的消毒池中痛打军曹的镜头，我在画面右上方手持电影摄影机拍摄，右下站立者（上身赤膊）为该片副导演杨钢，在对演员进行指导。

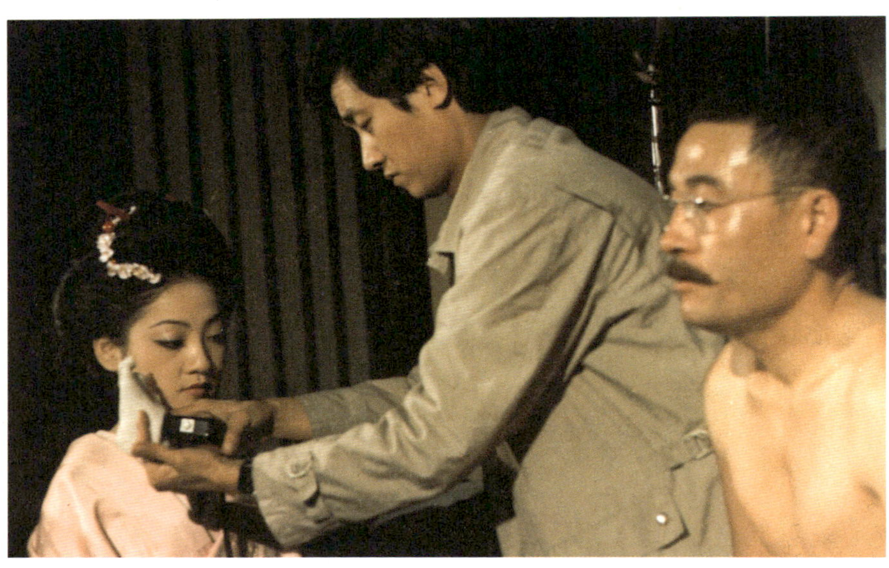

1988 年，我（站立量光者）在拍摄影片《黑太阳 731》中日本 731 部队队长（右，王钢饰演）逛日本妓院的一场戏。

1992 年 2 月，在“10 年首聚”的同学会上，“78 班”摄影系 306 宿舍的同学（左起）王左、张艺谋、顾长卫、张会军、王雁的合影。我们几个在那间诺大的宿舍里，一起吃饭学习睡觉，还有“半夜嚎叫”，度过了那个物质贫乏、青春冲动的年代。

2000 年 6 月，为庆祝北京电影学院建院 50 周年，校庆系列活动之一《北京电影学院毕业生毕业作品回顾展》正式开幕。图为开幕前，我与同届同学顾长卫、张艺谋、田壮壮、侯咏在放映会场外合影。

2002 年 2 月，北京电影学院“78 班”同学举行毕业 20 周年纪念活动“20 年聚首”，在聚会的现场，摄影系“78 班”部分同学在会场席地而坐做出“睁眼”和“闭眼”状集体合影，象征着我们在执掌摄影机时的特殊表情——“睁一只眼闭一只眼”。

2006 年 4 月 20 日，日本著名电影明星高仓建先生访问北京电影学院，我作为学院院长在四季厅采访高仓建。高仓健先生的不苟言笑简直就是“男人，沉默是金”这句话的最好注释，其实他在下面时是非常随和、幽默的。

2002 年 2 月，我与同班同学、著名导演张艺谋在毕业 20 周年纪念活动“20 年聚首”的演出会场。

2000 年 10 月，北京电影学院举行 50 周年校庆，我陪同张艺谋、张国立步入学院庆祝会场。设计台词——我 ：“人我已经抓住了。”张国立对张艺谋耳语 ：“咱还是得想辙逃啊！”

我们在一起头对头住了 4 年，一起打过麻雀，一起抓过青蛙，我们之间太熟悉了，无论到什么时候，只要我们一见面，脸上浮现的还是当年的笑容。

目录

恰同学少年／“78班”逸事

北京电影学院“78班”，在今天是对中国电影影响巨大的群体，但是30年前大学时的生活，也像当时的所有大学班级一样充满了趣闻和逸事，主要内容无非是：衣、食、住、行，回忆起来，也是令人回味。

每个人的大学生活，都是年轻时最美好的记忆，都是永远值得怀念的生活，因为大学的生活告别了青涩、鲁莽，大学的生活充满了欢笑、快乐，大学的生活突出了自由、随意，大学的生活赋予了挑战、变化，留在大学时代的记忆也永远是最清晰的。

那个年代，仍然是物质贫乏的年代，对于物质生活，“78班”的同学没有奢望过，他们的关注点在学习上，正是这些平凡、朴素、平淡的生活经历和历练，成就了我们的这个团体，也为我们这一代人日后的辉煌铺垫了一段非常难得的生活体验。今天的幸福、成就，都是由当年散落在我们记忆中的学习、生活的一些情节和细节，北京郊区昌平沙河朱辛庄4年的日日夜夜，我们大学的生活点滴、学习点滴会聚而成的，这些片段记忆着“78班”的岁月，衬映着我们上学时形形色色的事件，什么艰苦、寂寞、乐观、贫乏、快乐都是我们后来生活经历的内容和形式，显示着“78班”年轻人的活力与创造力，清楚地展现了他们对电影艺术崇敬，显示着他们对学习的重视和对学习机会的珍惜。

校园　北京电影学院1950年建立。当时是在北京市东城区的石老娘胡同，20世纪50年代，学院迁址到海淀区新街口外大街小西天，现在中国电影资料馆、中国电影集团所在地，“文化大革命”后，迁至北京农业劳动大学的校舍（今天的北京农学院）。就是这样一个学院，在颠沛流离中顽强地生存下来。“文革”期间，当时的北京中央音乐学院、北京舞蹈学院、北京戏曲学校和北京电影学院四所艺术院校全部被集中到朱辛庄，起名为“中央五七艺术大学”（“文革”后解散）。“五七艺大”在“文革”结束后，在朱辛庄只留下北京电影学院一家，朱辛庄北京电影学院的旧址现在是北京农学院，直到1986年，北京电影学院才正式迁至现校址蓟门桥北西土城路四号“蓟门烟树”东边的校园。

首先，“78班”四年大学生活的度过地，是当时校舍在郊区的为数不多的北京的大学之一，那时，校址在农村，被认为是对北京电影学院的惩罚，其实这是“文革”历史的原因。“78班”同学的大学生活是与北京电影学院1978年的旧址朱辛庄紧紧联系在一起的，那里成为了中国电影人才培养的“黄埔军校”，具有世界意义和历史意义，与其说今天“78班”对朱辛庄充满了无限的怀念，不如说是“78班”对大学生活的怀念，“78班”、校址、1978—1982年都成为了今天谈论的话题。在电影理论界，朱辛庄、“78班”的大学生活、1978—1982年的北京电影学院，都被理论化、神圣化、历史化、精神化了，但是，所有的“78班”的同学，都认为那里是一个温暖的环境，是一个自由的空间，是一个学习的最佳场所，是躲避社会的“世外桃源”，在这里，记忆了一代精英成长的过程，发生了多少故事，产生了多少想法，只有后来的历史知道。总之，当时的校园是培养、哺育、改变、影响、教育、培养了中国电影一代人才的圣地。

环境　我们上学的朱辛庄，就是一个农村，距离城里非常非常的远，城里是什么样，我们几乎不知道。环境是特殊的，既安静又乏味，既幸福又单调。每天傍晚学院老师的班车走了以后，校园和附近的地方，就成了我们的阵地和净土。

当年学院的校舍简直就是一个风景秀丽的“世外桃源”。今天的地铁十三号线回龙观站离朱辛庄其实是非常近了，若不是现在城市发展了，在回龙观和朱辛庄之间原本就是非常开阔、平坦的土地，由于现在有了很多这样、那样的新城市建筑，出了回龙观站，应该是非常容易能够看得见当年朱辛庄电影学院的校舍的。

绿树怀抱中的校园，建筑比较少，低矮的植物、庄稼散发着田园清香的气息，田野的柴草焚烧的味道，带着田园的特殊气息，让人们心旷神怡。在学院的周围，种有松树、白杨树、柳树、榆树、槐树、苹果树、桃树、梨树、枣树，还种有向日葵、玉米、毛豆、红薯，在如此美丽的田园环境里讲起1905年以后的“梦幻”电影艺术课程，简直就是神仙的日子。

朱辛庄 当时朱辛庄学院的大门，坐北向南，挂有教师用毛笔写的“北京电影学院”六个字的牌子，其中，电影的“影”字，是当时的简写，由一个井字和三撇组成，牌子很小，已经发黄了，挂在大门口，没有装饰效果，只有提示的意义。就是这个校牌，频频出现在各个系的集体合影和个人照片中。朱辛庄以前没有围墙，学校周围全是参天的白杨树和柳树，还有的就是一片农田的旷野，春天是一片绿色和盎然，夏天是一片燥热和墨绿，秋天是一片金黄和收获，冬天是一片萧瑟和凄凉。只有冬天下雪的时候，给我们带来了无限的遐想。白天，同学们在校园和校园外的田野里，在雪地里留下一个个不规则的印记，像极了俄罗斯油画中的意境和效果，在雪夜里，在月光下，听着脚踩在积雪上的声音，格外的清晰。

当然，也有不同的对朱辛庄学校的形容，“78班”的同学都记得当年朱辛庄学校门口的南边那一望无际的玉米地，初夏是茂密的枝叶和墨绿的色彩，初秋则是一片的金黄和丰硕的果实，晚秋则是东倒西歪和破败的田野景色，冬天则是大雪以后七零八落的脚印。

小西天 用“78班”同学的语言说，当时我们的大学生活是“冰火两重天”，导演、摄影、美术、录音系是因为在朱辛庄学习，所以是在“地狱”里磨炼，而表演系是因为在城里的原学院校址小西天学习，所以，是在“天堂”里驰骋。

实际上，表演系的“78班”当时在城里的小西天上学，教学的环境、生活的条件，比朱辛庄也好不到哪里去。住的地方也很阴暗、潮湿、简陋、破旧，但是学校还是在小西天的院子内翻盖了几间平房，用于教学。

同时，表演系教师对每一个同学，就像对待自己的亲人和孩子，对学生的学习、生活、成长付出了全部的精力和感情。在教学上，表演系的教学硬件条件比较差，他们的教师就和学生因陋就简、就地取材，自己动手布置学生们教学、学习的环境，甚至教师自己设计教学的布景、道具、服装。

表演系的同学都为教师的这种精神感动，尽管教学硬件条件比较差，但他们在形体房、在教室、在树下、在排练间、在院子里，度过了许多难忘的学习时光。那时的表演系同学，与其他系的同学在学习上是孤立的，没有什么交流，没有什么氛围。所以，他们上课、排练、学习，都是在有限的班级范围内进行交流，就是这样，在跨系交流上，比起朱辛庄的“78 班”其他同学，有一些别人体验不到的困难。但是，表演系的教学是非常严谨的，教学是非常规范的，教师是非常认真的，同学学习是非常刻苦的，正是这些特殊的因素、环境，为他们日后的成长奠定了非常坚实的基础。正是表演系这些同学的辛苦学习，给学院的历史书写了灿烂的一笔，他们的青春向往和回忆，欢乐气息和友谊，凝结了学院的传统。

上体育课由于没有操场，练功房就是最好的场所。当然，与朱辛庄的同学相比，表演系学生的生活一样是单调，也是上课去教室，下课去食堂，完了事以后回宿舍的三点一线的单调生活。由于专业的特点，他们用大声的朗诵，反复的唱歌来巩固专业的知识，排遣自己的苦闷。

但是，在朱辛庄的“78 班”同学，仍然坚持认为表演系的同学多少走几步还是在城市里，他们还可以上街，还可以去餐厅吃一些食堂里没有的东西，还可以买他们需要的生活用品，甚至，在春天的周日里，可以相约去北海划船照相。比起朱辛庄的其他系的同学，表演系的同学基本上是在天上。当然，表演系的同学因为上课、看电影、听报告、听大课、搞演出，还是经常要回到沙河朱辛庄的学校本部，也与其他系的同学会合交流一下学习的收获。

操场　那时的学院操场只有朱辛庄有，小西天没有。朱辛庄的操场是同学们驻足最多的地方，也是年轻人“生龙活虎”充分展示的场所，这个操场好像也是经常要和我们作对似的，每到了春天、夏天，几场大雨就使得杂草、蒿草不断地疯长，我们要经常对操场进行除草劳动，说是除草，那时几乎没有什么工具，完全是用自己的双手进行拔草，经常是手上全是血泡，膝盖也都磨出了血印，腰更是受不了，长时间地拔草，腰都直不起来了。

每天下午 4 点 10 分以后，教师们下班回城的班车一开动，朱辛庄学校校园里就成为了学生的天下，偶尔有几个教师、员工，也都是为学生学习和生活服务的，那时的同学，开始在操场上打篮球，踢足球，操场成为了唯一让各个系学生之间交流的场所。

早上没有人睡懒觉，早早就到篮球场打球，或者是在运动场上进行其他的活动，我们拼命地用体育锻炼来锻炼身体，其实也是排遣青春的苦闷和躁动。

舞会　那时候的大学，舞会是学生主要的娱乐和交往形式，远在农村的北京电影学院“78 班”，也自己搞舞会，舞场是在学生的大食堂（也是我们看电影、开会的礼堂）。准备工作经常是在下午开始，也基本上是由团委和学生会操持，在上空拉一些彩色的纸带，在四周放上四张桌子，在上面支上四个大灯。舞会的音乐伴奏，基本上是用录音带，只有在非常特殊的情况下，才会由录音系的同学亲自进行乐器伴奏。舞会的形式有月光舞会（一盏灯模仿蓝色的月光）、烛光舞会（局部的灯忽明忽暗）、阳光舞会（灯火通明，云雾弥漫）。搞舞会的时候，其他系的同学都在跳舞，摄影系的同学基本上进行的是奉献型的工作：拍照、打灯和搬运。

记得有一次是我和顾长卫、张艺谋负责打灯，在团委和学生会干部的允许和配合下，我们就宣布下面可能要关一会儿灯，然后，灯就马上熄了，接着在黑暗的人群中，就听见特搞笑的发出“亲吻”的声音，我们就突然把灯打开，发现其实有不少人是在跳舞的过程中拼命地亲自己的手背，发出夸张的声音，大家哄笑。每次开灯、关灯的过程，都会有各种各样的笑话发生。

后来，随着社会舞会举办得越来越多，在北京的文艺院校也开始搞学校之间的舞会。记得，我们几所艺术院校在朱辛庄的学院操场搞篝火舞会（晚会），电影学院的男孩儿比较多，也都比较帅，所以其他艺术院校的女孩儿喜欢和电影学院的男孩儿跳舞，所以，弄得其他艺术院校的男生特郁闷，也不高兴，甚至之间也有小的摩擦。那些舞会给了我们与其他学校学生相互认识的机会，也给了我们学校生活的感受。

球队 那个时候，对足球还没有什么兴趣，更多的是玩篮球，我印象最多的是当年跟张艺谋、陈凯歌、田壮壮一起打球，我们几个人是学院篮球队的，经常代表学校到外边和其他的院校去打高等艺术院校的篮球赛。壮壮在我们四年学院篮球队的训练和各种赛事上，打的是后卫的位置，脑子活，有意识，组织好，反应快，在每一次的进攻指挥上，经常是遇事不慌，控制有度。那时候我们在篮球队训练和打球的安排经常是这样：凯歌是中锋，艺谋是右前锋，我是左前锋，壮壮是后卫，感觉他在我们的打球中主意比较大，控制节奏和局面的能力比较好，记得在学院的 4 年中，我们学院的篮球队赢得了许多次文化部在京艺术院校篮球赛的奖杯。

作物 当时，在学院周边的各种各样的农作物是我们最最亲近的东西，因为它们可以吃，原来在宿舍和教室的周围都种有苹果树，学生们最大的乐趣就是偷苹果。其实，那种苹果树由于常年没有人剪枝，树木没有得到很好的养护，结出的苹果又小、又青、又酸、又涩，不好吃，但是，那时候大家就是好动，每当有同学偷苹果的时候，学校管保卫的人就牵着大狼狗来抓，但是，就是没有同学被抓到。

在当时，我现在想起来全都特闹。我觉得虽然搞艺术的人能沉静得下去，但是一旦活泼起来也很惊人，当地的苹果、毛豆、玉米、红薯，所有的作物我们一个也不放过。

饥饿 我们当时身处农村，非常偏远，物质生活非常贫乏，我们经常吃不饱，就会到附近的田里去偷蔬菜、偷苹果、偷桃子，学校管保卫工作的人牵着大狼狗来抓，可是我们非常灵活，他们抓不到我们。各个班的同学，晚上饿得受不了，就摸到地里弄些毛豆、玉米回宿舍用洗脸盆煮着吃，甚至，到厨房的菜窖去偷白菜，菜窖太深了，没有梯子根本下不去，我们就叫来女生，让她高举手，两个男生分别拉着她的手，把她放到菜窖里，让她往筐里放白菜，男生用绳子拉上来，几个回合，就可以弄几棵白菜，然后，女生再高举双手，男生把她拉上来，回去以后，各个宿舍用水煮着吃，虽然没有肉、没有盐，但是，那味道至今也忘不了。

穿衣 导演系、摄影系由于家里是军人的同学比较多，多数是穿军装，田壮壮永远是一身军装、军挎包、军步鞋。美术系的同学的显著特征是服装比较新潮，但由于他们每天要画画，总是接触油彩和笔墨，永远都是脏脏的感觉。电影学院的同学的头发几乎是所有艺术院校所有同学中最长的，那时的社会上，搞艺术的人，长头发是最重要的标志之一，所以，美术系的同学也不例外。录音系的同学，由于应届的同学在整个学院班级当中的比例是比较高的，衣着比较学生化，也比较干净、规整。各个系所有的同学的头发都是长的（主要是因为没有钱去理发），摄影系的同学经常是自己理发，顾长卫常常是无私地为同学理发。

消费　由于当时社会发展和经济的现状，“78 班” 的生活可以用 “平凡、朴实、一般”来形容。当时，学院学生的基本生活费大约在 20—30 元左右，（当时的助学津贴就是 20—30 元左右），所以一个菜是五分钱、一角钱左右，食堂的主要菜基本上没有什么肉，萝卜豆（黄豆、猪肉皮丁、胡萝卜丁）、炒三丁（土豆丁、芹菜丁、萝卜丁）、煮茄子（没有油）、熬白菜（基本上白水煮白菜）。我们上学时候物质生活特别贫乏，为了能够吃饱，也偷过白菜、偷过苹果、打过老乡和老师喂养的鸡，晚上到地里弄一些毛豆，回来拿脸盆煮玉米。大部分同学都抽烟，但是最好的是“香山”（二角三分一盒），一般同学抽“打仗”（战斗牌香烟，在北京买二角，在天津买一角九分），最后，连这些都没有能力了，只好大家凑钱，让同学回新疆的时候买漠河烟丝（其实就是烟梗颗粒），用《参考消息》报纸卷上抽。

偷鸡　上学的时候，我们同学很少可以吃到肉，肉是当时最最奢侈的东西，在当时的社会，是要凭票证供应的东西，对于学生来讲，说到“肉”字，眼睛都泛着绿光。由于处在青年时代，身体对肉的渴望是无法用精神来控制的，只有“穷则思变”，我们就在校园的周围想办法，先是晚上偷老乡的鸡，抓到鸡以后，拧断脖子，马上塞到书包里。后来，周边的村里，鸡也不多了，老乡也防范得更加严格了，基本上没有什么收获了，最后，兔子开始也吃窝边草了，在教师宿舍，在学生宿舍垃圾堆处，也用气枪开始打老师的鸡，结果，老师竟然派自己的孩子到宿舍楼里侦察，用鼻子闻，发现什么地方、谁在炖鸡：味道是最好的侦察来源，那时，因为抓不到现行，也没有什么证据，老师也没有什么办法，也只能是说一说，谴责一下。这是我们印象最深刻的肉食来源。

打雀　那时校园的操场后面，有几排平房，有一些窗户没有了，天冷的时候，麻雀就进去过夜，我们发现了这一情况，就开始策划“围攻麻雀”的战役，我们准备了电筒、扫帚，我和张艺谋参加过集体行动，也单独行动捉过麻雀，回来以后收拾干净，然后，我回家拿来油把它炸了，炸了以后惹得全楼都能闻到炸麻雀的香味儿，摄影系特别的得意。这个方法让大家都知道了，麻雀也就没有了。

钓蛙　摄影系又开始想新的办法，来年的夏天，我们就开始晚上出去钓青蛙，结果一个晚上竟然钓到无数的青蛙，我们用裤子分别系紧裤腿，然后，从裤腰上面往里放青蛙，直到装满了，就扛着裤子往回走，结果，走到三楼的时候，裤口突然开了，所有的青蛙跑了满楼道，有的躲在一楼的下水道里，有的躲在各个楼层的水房和厕所里，不停地叫唤，学生的宿舍顿时成了农村的稻田。灾难是持续性的，青蛙在楼道里整整叫了一个夏天，影响了所有同学的生活，我们也遭到了大家的谴责，这也成为了后来无数次的笑谈。

画票　画票，实际上是一个非常不好和不光彩的事情，完全是年轻人的无知与恶作剧。那个时候画票，已经成为了“78 班”美术、摄影系的业余工作，记得在一些同学的桌子上，每个月，要“出”好几张公共电车、汽车月票。那个时候，同学们都非常爱看电影，无论是在学校，还是在城里看电影，特别喜欢看连续几天的电影，如果弄到了其中的一张票，那么，连续几天的票就都可以在桌子上画出来。

记得有一次在文化部还是在政协礼堂，有一个连续三天的新年迎春游艺活动，有猜谜、舞会、电影、演出、吃饭等各种各样的活动，为了吃饭和看电影，我们还是用笔画电影票混进去。我们同学就连续画了三天的票，结果在第三天“东窗事发”，调查的结果是罪名归到了美术学院和工艺美院的学生头上，电影学院“78 班”大喜了好几天，到了宿舍还为自己的创举和行为而激动，狂聊和庆祝了个通宵。

示好　当年北京电影学院“78 班”各个系的女生比现在学校的女生要少多了，同样，男生在想方设法，通过各种各样的形式，向女生表示友好和爱慕。但是基本上没有什么戏，女生根本看不上男生，一个是年龄的差距不大，二是认为男生不够男子汉，三是认为男生不够成熟和浪漫，四是认为这些人没有什么钱。所以，真正到了“78班”毕业的时候，同学之间结婚的也仅仅是极少的部分，而且，今天坚持下来的也都是硕果仅存。我印象当中，像现在的年轻人一样，当时有很多其他各系男生想追求表演系的女同学，或者是追求录音系的女生，但是追不上，也说不上话。在学院学习的过程中，也还就是摄影系的同学还有点优势，可以接近各个系比较漂亮的女生，因为，摄影系的同学要拍摄作业，要照相，找这些女同学做被摄对象（模特）不会遭到拒绝，特别是我们摄影系的男生能把表演系的美女找来拍照片，当然，在拍摄完成以后，是要给这些同学放大好的照片，摄影系的同学没有食言，表现出了良好的信誉。

居住　大学的宿舍，是大学生的主要活动空间和生活空间，在那里，大学生发生了多少故事？给大学生带来了多少欢乐和幸福？给大学生留下了多少惆怅和离别？由于国内大学招生人数和学校条件的不同，1977年、1978年入学的大学生住宿是千差万别的。

相比之下，北京电影学院“78班”，1978年到1982年在朱辛庄学习和生活的导演系、摄影系、美术系、录音系的同学，住宿方面的条件是比较好的，在城里小西天学习的表演系同学的住宿，包括学习的环境和空间就没有我们的宽敞，就相对比较差，而且，不是一般的差，是相当的差。

我们所住的学生宿舍原来是一个四层的老式教学楼，上面其实全部是比较宽大的教室，不知道当年学院对学生宿舍分配的思路，所有一楼为部分教工单身宿舍和管理的办公室，其他四个系的学生都集中在该宿舍楼的二、三、四层，二层全部是女生宿舍，三、四层则分别是摄影、美术、录音、导演系的男生。那是一个青春冲动的年代，也是一个喧闹的年代，在宿舍中究竟发生了多少“学习讨论”、“挑灯夜读”、“侃山吹牛”、“浪漫故事”、“宿舍舞会”、“喝酒聚餐”、“单人相思”、“作恶闹剧”、“拳脚相加”，只有我们的记忆知道。我们那时的生活，如今想来真算得上是没有烦恼、没有苦闷。

表演系则完全是在“地狱”里生活。他们住的是条件比较差的平房，潮湿、低矮，夏天炎热难耐，同学们把床上的草垫铺在房顶上，并不断泼水，用以缓解酷暑的炎热感觉；冬天冰冷刺骨，暖气不暖，实在受不了就违反校规在房间里点电炉子。

就住宿而言，我们敢断定，在当时的北京，像我们电影学院朱辛庄这样宽大的住宿条件，是绝无仅有的，我们得感谢学院给了我们足够的学习空间、生活空间，这些空间成就了我们的思想，放纵了我们的艺术想象和梦想。

宿舍　这里主要是指摄影系我当时居住的宿舍。当时是在一栋老式的教学楼内，我们住在三层的306房间，偌大的空间，让我们不知所措，我们一个宿舍的成员有六人：张会军、张艺谋、顾长卫、赵非、王左、王雁，每个人两张单人床，一张床作为一个大的桌子，可以学习、吃饭、写字，放一些书本、杂物，另外一张单人床则是专门睡觉的，每一张床由于太低，床腿儿分别用两块砖架高起来。其实，每一个同学也还有另外一个小课桌，板面上有合页的那种，可以自由掀开的，可以写字，这个桌子是可以上锁的。就是这样，我们所有的学生"生活设施"上"极尽之奢华"。另外，宿舍的其他的空间也非常的大，凡是在朱辛庄上学的其他各个系的同学，基本上都是这个待遇，那时的宿舍空间给了我们自由的狂妄和无限的折腾。

"78班"同学在学校的宿舍生活有如下的一些重要特点：

1.凡是可以吃的东西、好吃的东西，基本上是锁在箱子里、锁在桌子里，防止自己不在的时候，被别人吃了。那年月是一个"饥饿"的年代，同学们经常处于半饱或者饥饿的状态，可以这么说，"天上飞的不吃飞机，地下跑的不吃火车，带毛的不吃掸子，带腿的不吃板凳"，剩下的什么都吃，看见什么吃的，不问是谁的，先吃了再说，即使这个同学回来知道了，也没有任何办法，大家彼此彼此。

2.鞋子的味道大。男生的各种各样的鞋子，球鞋、棉鞋等的味道，成为了男生宿舍的"值班常态味道"，袜子也基本不洗，一抖就可以站立起来，味道也是"丰富"，在夏天，宿舍里也没有什么蚊子，蚊子在这样的味道环境中根本生存不了。

3.吃完了的饭碗，从来不洗。美其名曰"节约用水"，而实际的情况是，只要你洗干净的饭碗放在你自己的桌子上，就会有人在吃饭的时候用去买饭，因为它干净，吃饭以前不用洗，吃了以后也不用洗，多好的一件事情!

4. 从来不叠被子。这样的做法有一个非常好的称呼“保持生活的常态”，而实际的情况是，只要是你叠了被子，说明你人不在学校，马上就有人来你的床上睡一个晚上(前提是你的床比较干净)，睡完了以后，掀开被子就可以走，不用叠，多么省事。

5.下午、晚上在教室、图书馆上自习。在这些地方学习的时候，同学都可以做到安静学习，不影响其他的同学，但是在宿舍休息和待着的时候，却没有一分钟的安静，整个宿舍是一个喧嚣的“熔炉”。

6.上学的时候，只有每周的固定时间可以洗上一次热水澡。这对今天的学生来说，是一件不可思议的事情。由于每天同学要进行体育锻炼，所以在气候允许的情况下，经常是男生在水房用“凉水盆泼”裸体洗澡，伴随着凉水的浇下，传来一阵令人毛骨悚然的叫喊声。

7.那时的学生，在晚上(通常是半夜)吃方便面是一件非常奢侈的事情，每当方便面煮好了以后，香味就会传遍楼道，于是就会有若干人等着“蹭吃”方便面，那时就出现了一个端下火的热方便面任意由人先吃10秒钟的规矩，就会经常有人自告奋勇先吃10秒钟，其实，也就是只能吃上一口，烫得龇牙咧嘴。

8.贫瘠的年代，饥饿的人群，经常遵循“饱吹饿唱”的法则。在楼道中，经常是各个系的同学在走路时、在水房时，莫名其妙地就会喊唱几句流行的歌曲，而且就是总唱相同的一句，没有下句，改编歌词、唱歌跑调是经常的事情。

9.那个年代，没有电话、呼机、传真、复印机、手机，联系的方式主要是写信、电报。所以在学生宿舍的公用电话，就成为了同学与家人、朋友联系的唯一工具。当时，电话就在三层的306房间我们宿舍的门口，所以，义务叫电话的任务就主要落在了我们这个宿舍的成员身上，也有路过306的其他同学，帮助接一下电话，并帮助叫电话，但他们经常是有意叫假电话，经常喊“某某某的电话”，结果这个同学来了根本没有什么电话，白跑一趟，纯粹是恶作剧。

10.晚上经常“嚎叫”。学生宿舍的半夜，经常是被各种各样的“嚎叫”影响，一是因为半夜饿得前胸贴后背，二是由于学习压力比较大，三是寂寞和缺乏交流，就像是在田野中的动物，用莫名其妙和各种各样的“嚎叫”来表达自己的存在，来宣泄自己，来平衡各自的情绪，有时听着比较“恐怖”。其实，在年轻人中，这样的情况非常正常。

交通 1978 年的北京，交通十分不发达，当时还没有二环路和三环路，出了积水潭桥往北的道路十分狭窄，也比较荒凉，更没有什么汽车，如果是在现在的北太平庄桥，当时就是在郊外了。

那时的“78 班”表演系是在城里的小西天学习，而导演系、摄影系、录音系、美术系都在朱辛庄学习，是“两地分居”，经常是这四个系的学生惦记表演系的男同学和女同学，当然，主要是惦记表演系的女同学。摄影系的同学还有比较名正言顺的理由，给表演系的女同学拍照片、送照片，但无奈天高地远，其他系的同学没有办法，即使是去小西天电影资料馆看电影，也是时间非常的短暂。

那时的学生，在朱辛庄根本不外出、不进城，坐 345 路（或者 344 路）汽车到德胜门，要花去三角五分钱，然后，从德胜门到当时的西单商场，要再花费一角五分或者两角钱（那时的大学教师工资是 56—78 元不等），对于我们学生来讲，如果必须到城里看话剧、画展、摄影展，返回学院的时候，就需从德胜门（德胜门为始发站）乘坐公共汽车，当时的北京人口不多，郊区的汽车也不是十分发达，平均 10—15 分钟发一趟车。345 路公交车是属于大站快车，在朱辛庄站停靠，从德胜门到朱辛庄花费的时间大约 30—35 分钟；344 路公交车是属于小站慢车，基本上沿途是站就停，在朱辛庄站也停靠，从德胜门到朱辛庄花费的时间大约 50—60 分钟。但是，如果是 344 路区间车辆，不仅是属于小站慢车，而且是到了小营站就停驶，其乘客还要换乘其他的 344 路或者 345 路车，才能到达朱辛庄的学院，许多外地的同学，开始的时候经常坐错车，还得下车倒车，后来才渐渐明白这两路汽车的关系。345 路公交车是“78 班”进城的主要交通工具。345 路车是当时连接朱辛庄和城市的交通大动脉，通常人满为患，有时甚至因车厢无落脚之处而需要“金鸡独立”。

当年这些“78班”的同学在上学的时候，除了学校安排的班车进城看电影以外，甚至一个月也不进城。如果是参加学校组织的活动或看电影，就坐学院安排的班车，如果是到城里看画展、摄影展，就早上5点多起床，6点搭进城接老师的班车，白天在城里干完所有的事情和游逛一天后，晚上到小西天搭送老师下班回学院的班车返回学院，看话剧则先搭班车进城，然后再搭学院接学生的班车回朱辛庄。

都说“好汉不提当年勇”，其实，这些“逸事”对我们今天的人来讲，并不是我们的什么好事，也添不了什么光彩，基本上是我们的一些糗事，但它毕竟是真实的，无论怎么样，这些青涩学生时代的事件，成为了我们的回忆，这些毕业生毕竟成长起来了，拍摄出了影响中国和世界的电影，这些就是历史，就是我们所经历的过程。过程是重要的，过程决定了我们的命运。

344
345
朱辛庄

谢　飞

谢飞,1942 年 8 月 14 日出生于陕西延安,原籍湖南宁乡。著名电影导演、艺术家、教育家,北京电影学院导演系博士生导师、教授。

1965 年毕业于北京电影学院导演系。后留校任教,历任讲师、副教授、教授。曾任导演系副主任、学院副院长(1980—1988 年)。现为中国电影家协会副主席、中国电影导演协会常务副会长、中国电影基金会理事、中国电影评论协会理事。

执导的主要电影作品有:《湘女潇潇》《本命年》《香魂女》《黑骏马》《益西卓玛》。他曾发表《电影的镜头与镜头组接》等多篇文章,著有《我的现代电影观念》《中国电影论文集》《谢飞集》《沉静之河》。

1992 年获国务院颁发的“政府特殊津贴”,2005 年获“国家有突出贡献电影艺术家”称号。

只有一个称呼——谢飞老师 / **谢飞**

经常是只有一个称呼，叫他谢飞老师。

多少年，多少学生、教师，都是这样，体现了学校的单纯和温馨。他实际上是一个特别难以表述的人，多种的称呼：教师、导演、学者、副院长。似乎他什么都参与：拍电影、电视剧，做教师、当领导、做访问学者，连“非典”也不放过。谢飞老师在圈内和学院还有一个“儒将”称号，主要是说他具有“温文尔雅、谦谦君子”的处事风格，其实不是这么回事，大家更多的还是注重于谢飞老师的人生历程和在大家心目中的地位。

20世纪80年代，学院为了学习其他国家的电影观念和电影教育，纷纷派不同专业的教师到世界各个国家进行讲学和学习。谢飞教师有过这样的过程，从美国讲学和访问回来，其实对他的人生观、价值观是一个比较大的改变，主要是知道了“世界上的一部分人”在怎么样的思想，怎么样的生活，怎么样的看待问题，应该说这对他的创作、教学乃至做人都是一个比较大的触动。我们感觉他在同龄教师中是比较“前卫的”，他自己也在教师和学生中说，由于出国的经历，改变了他原来想问题的思想方式。

谢飞老师最可贵的是，在艺术创作的过程中，追求质量，不追求数量，耐得住寂寞，他拍电影比较有“原则”，不受商业、市场、权力、认同的影响和扭曲。不像同龄人那样，在自己的作品中逃离时代、社会去实现自己的艺术风格，他则是在艺术和规范中表达自己的思想，他是在追求着建构着自己的社会责任感与使命感。学院的教师、学生一直认为电影《本命年》是谢飞老师的杰作电影，是中国写实主义和现实主义电影的一个高峰之作，也被看做是“第四代电影人”的中国电影的最有影响力的一次冲击。在导演处理上，在事件和细节的过程中，在展现隐藏内涵主题和令人寻味结尾的过程中，运用了大量的长镜头拍摄，重视场景的丰富和变化、追求自然丰富的光效、灵活的场面调度和导演手法，有效地处理音乐和音响地关系，让人耳目一新。

《本命年》的创作，在某种程度上是谢飞老师的一次“极端风格冲击”，我将其视做谢飞老师自觉状态下的一次青春反思，也是“第四代”的青春生命历程的祭礼。电影让我们看到了他关注的一个“垮掉的一代”的人物。我们所有的人重新认识他，完全是因为他在《本命年》中的观念和作品结果，他在电影中，按照文学的形象，立体化写了一个“小人物”，这时的谢飞老师，对“小人物”——“泉子”这个在小说中毫无进取心、没有自信、外貌一般、烦躁不安的年轻人的角色，在电影中充满了关注和同情，赋予了这个人物更多的歌颂。“泉子”的死，暗示所有的年轻人都要面对社会的竞争和压力，要有勇气战胜自己所面对的困难和问题，处理“泉子”在影片的结尾像法国导演戈达尔的电影《精疲力尽》的主人公一样死去，以此来获得人生的价值和社会的认同。对于导演创作，电影是一次对理想主义、温情浪漫和人文关怀的突破，他把“文革”历史、社会现状、个人思考、青年彷徨、思想迷途、动乱因素、人性弱点、个人压力众多的元素结合在一个人物和若干的事件上，这样来看待社会悲剧和个人悲剧的关系，体会人物与命运悲剧性的更加普遍和深刻。《本命年》的故事、历史、年代、人物、命运、风格、方法，可以称得上是谢飞老师的反叛作品，正是由于反叛，才产生了巨大的影响。它展示了一个时代导演群体的变迁，反映了他们的艺术追求和生存状态，得出的是一个整体创作的记忆效果。

实际生活中，谢飞老师是一个在重重思考中不断进取的艺术家，文静外表之下是一个激情澎湃的心，循规蹈矩过程中是一个愿意探索的人，平静生活中，永远都是不平静的细节。他在人性宗旨上是理想主义的，在解决问题中是希望变化的，在教学实施上是关注质量的，在追求结果上是直面现实的。谢飞老师的内心世界是在变化的，其作品也表现出一种从一个极端走向另一个极端的变化，这同时也成为了他创作和工作的特色，也是一种动力和源泉，谢飞老师的内心世界实际上是千变万化的。

当然，“第四代”电影人无疑是人生经历最丰富，也恰恰是被时代和社会耽误和抛弃的一代，我们面对的一个无法回避的事实是：像谢飞老师这样年纪的导演群体，应该拍摄和表现出“文革”时期社会和文化的电影，因为这是一个国家和社会取之不竭的社会题材，他们没有拍，他们没有完成这样一份答卷，这是一个非常大的遗憾。这十年的历史，对我们国家、历史、文化、社会的思考将会失去了重要的“参照”意义，当然，这其中有比较多的复杂因素，但至少给我们留下的是一种精神上的失落。正如谢飞老师曾经说过的：“我们‘第四代’值得庆幸的是还有一个80年代让我们拍想拍的东西，但我相信我们这一批人心里也或多或少有遗憾，就是成年时期经历和见证了‘文革’的我们却没有拍出有关‘文革’的电影，到了今天这个想法就更难实现了，所以我说我们欠了一笔债。”

在这种情况下，我还是在期待着：历史的事件、积郁的激情、凝练的思想、产生的力量，可能像火山一样在等待一个恰当的时机爆发，在等待着在电影里用视觉的东西来释放与表现，当然，毫无疑问，这肯定是一个非常有影响力的题材宝库在等待着开发，我情愿在内心保留这样一个期待。

我比较欣赏谢飞老师的一个观点：不能因为我们的发行体制的不健全，而去责难艺术片电影，艺术片电影的生命力和票房是要靠历史来验证的。他曾经举过费穆拍摄的《小城之春》为例子，这部影片当年也很有艺术生命力，在那个时代也是没有票房的。其实，是想说明艺术电影、商业电影是一个非常复杂的问题，这是一个系统的问题。电影本身已经有了一百多年的历史，它能存活就证明它还有生命力，因此我们应该研究电影产业的问题。

张艺谋

张艺谋,1951 年 11 月 14 日生,陕西西安人。职业:导演、摄影师、演员。

1968 年初中毕业后在陕西乾县农村插队劳动,后在陕西咸阳国棉八厂当工人,自幼喜欢绘画和摄影,其摄影作品曾在国内外摄影展上展出和获奖,艰苦的生活磨炼和对摄影艺术不懈的追求,在他后来的生活积累和发展中起到重要的作用。恢复高考后,他萌生了考大学的愿望。1978 年他虽然过了考试年龄,但作品的水平很高,经文化部主管领导批准,被北京电影学院摄影系破格录取,在"78 班"摄影系学习。1982 年毕业后分配到广西电影制片厂任摄影师、导演。

张艺谋与陈凯歌、田壮壮等人是同学,被称为中国电影"第五代"。他的电影创作为中国电影界赢得了众多的荣誉,其摄影的电影作品有《小院》《红象》《一个和八个》《黄土地》(获第五届中国电影金鸡奖"最佳摄影奖")《大阅兵》;主演的电影作品有《老井》《古今大战秦俑情》; 导演的电影作品有 《红高粱》《代号美洲豹》《菊豆》《大红灯笼高高挂》《秋菊打官司》《活着》《摇啊摇, 摇到外婆桥》《有话好好说》《一个都不能少》《我的父亲母亲》《幸福时光》《英雄》《十面埋伏》《千里走单骑》《满城尽带黄金甲》;导演大型歌剧《图兰多》和芭蕾舞剧《大红灯笼高高挂》。他还担任中国申办 2008 年奥运会宣传片总导演,中国申办 2010 年上海世博会宣传片总导演,2008 年奥运会开幕式、闭幕式总导演,2008 年残奥会开幕式、闭幕式总导演。

张艺谋是中国当今最负盛名的电影导演和艺术家。

我拍电影的目的很简单 / **张艺谋**

张艺谋1978年考入北京电影学院摄影系，1981年拍摄了第一部短片电影《小院》，1982年毕业分配到广西电影制片厂。随着电影拍摄的数量越来越多，开始被关注，成为一个公众人物。

他经过农村插队、工厂做工到曲折上学，中间经历的过程很不容易。从上学的那一天起，他就十分认真对待命运给予他的机会。在大学时并没有人过多地关注他，他和“78班”的所有人一样，沉浸在当年的那种热情和学习的氛围中，毕业后参与《一个和八个》《黄土地》《大阅兵》的电影摄影创作，那时，他仅仅是一个摄影师，还没有人真正认识张艺谋。但是，随着处女作电影《红高粱》的导演创作和获奖，他慢慢成为一个被人关注的人物，后来其所有的电影创作，就更是一直被电影专业人士、理论研究人士和媒体记者所注意，随着以后的电影频频在国际电影节获奖及产生的国内外的巨大影响力，他和他的电影就越发成为媒体和专业界谈论的“永久话题”。

因为我们大学同班同学四年，在一个宿舍头对头一起住了四年，我很了解他的性格和为人。同样，因为是在一起学习、生活，作为同学、朋友、同行，我们毕业以后彼此一直保持着很密切的联系，我们之间太熟悉了，也非常谈得来，经常沟通，经常聚会，经常联系，经常在一起讨论社会上和学院里的事。更由于我们两个又都是全国政协第十届委员会的委员(文艺26组)，能年年在“两会”上见面。我从心里一直很敬重他，关心他的电影创作，关心他所做的一切事情。

当年艺谋被破格录取，来学院上学，班上的同学没有人说什么，反而非常同情他，与他打成一片，关系特别融洽，愿意与他进行交流。在上学的时候，系里的同学都叫他"艺谋"，后来在"78班"同学中，给一些同学起了以电影名字为名的外号，那时候给他起了日本电影《狐狸的故事》做外号——"老狐狸"（还有的同学叫"豺狼的日子"、"爱情你姓什么"、"噩梦起来是早晨"等什么的），为什么叫他"老狐狸"呢？就是因为他年龄比较大，上学的时候不爱说话，总是沉默寡言，就认为他有心计。后来，在学习中接触多了，大家觉得这个名字也不是特别准，但也就没有再改。

在北京电影学院摄影系"78班"中，他的年龄最大，从上学的时候开始，他就是一个在做事上、说话上、生活上都很低调的人，同时，他还是一个积极思考、学习极为勤奋的人。张艺谋与同龄人一样，是受过磨难的，经历比较坎坷，插队、种田、进入陕西咸阳棉纺六厂当工人，干过翻砂工、电工、搬运工、宣传干事等等，加上他后来的电影创作，所以更加增加了他的神秘感，其实，他非常的平常和普通。

那时上学，他在同学们眼里的形象，经常是一身蓝色的中山装，条绒面的布鞋。那时他是长头发，冬天永远是一件深蓝色的"棉猴"（连着帽子的那种），朴素而干净。艺谋的自主生活能力比较强，身上穿的、宿舍用的经常是收拾得干干净净。记得上学那几年，艺谋是吸烟的。我记忆特别深刻的事情是，经常是很晚很晚了，我们宿舍的同学都睡了，房间的灯都关了，他一个人坐在自己小桌子前，慢慢地吸着烟，黑暗中香烟的火光，一明一暗地在闪烁，表示着他的存在。抽完了烟以后，他小心地出去到水房洗漱，然后悄悄回来上床睡觉。艺谋睡觉非常安静，经常是正躺，身体非常的直，很少看见他侧睡的样子，非常有军事化训练以后的感觉。早上，我问他在晚上睡觉前抽烟是在想什么？他看着我说："没有什么，只是在睡觉前抽支烟，休息一下自己的大脑。"我心里清楚，他所想的事情，只有他自己知道。

艺谋不像其他系那些具有标志性特点的同学那样有比较鲜明的外形特征，被破格录取上学的事件，使得他的性格有点内向和谨慎，一贯做事低调，倾听多于表态，他永远是很安静的样子，用非常专注的目光看着你，非常细腻地倾听你的述说，所有讨论的问题，他都在认真地听，你要是征求他的意见，他会一五一十地娓娓道来，其实，他早已经想好了。他的内心是非常不平静的，也不常常发表意见，其实他在考虑所有的意见，也在不断地调整自己的做法，他从来不愿意在别人面前表现什么，他愿意用自己的创作来说服别人，他是一个行大于言的人，他总是在默默无闻地做自己最想做的事，这样的品质，一直在保持。现在情况完全不一样了，由于他实际导演工作的需要和领导团队的需要，还要面对各种各样的媒体，开始话多了起来，也开始会说了起来。

对于我和我们摄影系“78 班”的同学来讲，艺谋是一个十分平凡的人，没有那么神秘，他就是我们班的一个兄长、一个大学同学，就是一个电影导演，就是一个涉猎各种各样艺术种类和形式的人物，他在上大学的时候，经历了比较多的曲折和反复，比我们其他同学学习认真和知道用功，这是我们眼中的张艺谋。

在上学的时候，我们摄影系的同学议论过，艺谋的岁数在摄影系是最大的，但是他在同学中，从来没有以“老大”自居，反而是非常的谦虚和随和，经常帮助同学修改作业设计，帮助参考技术上的处理方法，很得同学们的拥戴。

我们上学的时候，摄影系“78 班”每一个同学所发的拍摄设备，是一台镜间取景的 135(海鸥 205 型)照相机，当时，其实有比较好的单镜头反光相机，艺谋是 1974 年开始学习摄影的，他有比较好的条件，在陕西咸阳第八棉纺厂改造的时候，利用每次捐血攒下来的钱，买了一台海鸥 120 相机，是Ⅳ型的不带摇把那种照相机，当时的价格是 186 元。上学以后，135 和 120 两种形式的胶片给了他创作上更大的自由，他开始通过照相向电影的活动画面进行过渡，并开始把电影作为生命中最为重要的东西。在每一次的外出创作过程中，都严格按照摄影的技术和艺术的基本知识进行练习，在当时的社会中，去寻找美好的事物和瞬间，通过作品的内容去实现着自己的追求，他在每一种光效、人物、气氛中挑战自我，追求最具形式感和最具美感的东西，在照相和电影摄影的创作中，用平静的心态和突出的影像形式，述说着他对世界的认识，表达着最激动和最令人向往的精神世界，在这个过程中，他锻炼了做事的认真和对电影的忠诚。

由于艺谋在上学前，系统地进行过照相的拍摄经历，所以他对基本的知识和技术，有比较全面的了解，而且，是从照相摄影开始干起，基本功比较扎实，解决问题、处理问题的能力也比较强，表现出来是在艺术上有非常多的想法。表面的沉默掩藏着他内心的明晰，对创作事情的清楚，这些是他能够拍摄出好东西的基础，在我们拍摄实习作业短片电影《小院》的时候，对于具体表现导演意图的东西，都有具体和比较多的应对方法，也使得摄影组同学提出的拍摄方案经常是被无条件地采纳，但他还会考虑导演组的同学提出的想法，让我们摄影的同学在拍摄的时候进行补充和考虑。

艺谋上学的时候，是我们班做作业认真的模范，从开始构思、设计、制作到完成都表现出前所未有的重视，一直在学习中对于摄影技术非常关注，坚持着自己创作的观点和风格，不为别人的意见和思想所左右，这是张艺谋最可贵的精神，他永远都是在思考自己将表现什么？怎么样去表现这些东西？甚至经常是几天几夜不语，一旦他开口说话了，他的作业基本上就是已经设计好了。记得在上学的时候，他拍摄一幅静物的摄影作品《借问酒家何处有，牧童遥指杏花村》，我帮助他打下手，看见他在配制乳胶漆的浓度和墨水的比例关系和控制位置的时候，几经实验、配制，直到基本满意，同时不断调整摄影的构图、光线的效果、技术的控制，一直达到满意的结果。

我真正了解艺谋，还是由于在一起的学生生活。学习上，他总是比较早就到教室，总是坐在靠后面的位置，上课笔记记得比较认真，作业的字迹非常工整，特别是实验报告，他更是写得细致；生活上，因为是西北人，喜欢吃面食，有时我们进城里拍作业，就是一碗面条解决问题，在宿舍里他经常搞卫生，在他的带动下，我们的宿舍算是比较干净的，还得过卫生标兵；创作上，他具有非常好的创作经历，又经过学校扎实的理论学习，就更加如虎添翼，作品越来越有韵味，在作业的阶段，就善于苦思冥想地进行电影的创作，尝试各种各样的艺术形式，许多的作品参加了当时的“自然、社会、人”的摄影美术展，还参加了当时的大学生摄影展，在班上的成绩也一直是比较好的；交往上，他善于帮助同班的同学，无论是笔记、答题、拍摄还是其他方面的事情，常做一些具体工作；体育上，他当年在陕西咸阳棉纺厂，就打得一手好篮球，在电影学院篮球队的各种各样的赛事上，艺谋打右前锋的位置，站位好，意识好，脑子活，抢点准，体力好，速度快，尤其是投球准，为篮球队立了不少的功。

艺谋一直保持比较勤奋的状态，比较前卫的思维，主意比较正，作业总是思考很久，他也征求别人的意见，但是一般人很难改变他，作品一旦完成就非常具有新意和质量，他学习和创作的认真状态，不是做给别人看的，是完全做给自己的，永远都是保持着这种心态和创作的激情。因为艺谋的工作态度和认真的程度，他注定要付出比别人多的东西。

当年，我们“78 班”的同学毕业是国家管分配的，上学以后的一段时间，所有的同学也都是在考虑自己未来的去向，主要是关心自己能够分配到什么样的电影单位，特别是外地的同学，一方面关心自己的前途，另一方面也在嘀咕自己的去向。艺谋也同样，他在一次媒体见面会上说：“我刚才在看我们 1981 年拍摄的黑白短片《小院》的时候，想起了当年拍摄时的一些事情。有一天，我、侯咏、吕乐，我们三个人因为要排班看守器材，要在拍摄现场的小院里住上一个晚上，不能回学校。那是在夏天，我们三个人在院子里席地而坐，畅谈了一次理想。同学四年，几乎没有认真谈过什么理想，所以，当时的印象特别深刻。我说我将来想改行做导演，侯咏说他想做一个一流的摄影师，吕乐说他想出国，结果我们的理想都实现了。”

艺谋还说到我们和田壮壮拍摄实习短片作业《小院》的情形：“我刚才在下面还和壮壮讨论，那时候我们拍片子的态度特别的认真，甚至每一个镜头都画出画面来，每一句台词都几乎能背下来。那时，这部影片导演系是四个同学、摄影系是八个学生分别完成和拍摄这点戏，对摄影系同学来说，平均每一个人能拍上 4 分钟。从今天放映的效果上能看出来那时我们是很认真的。我有近 20 年的时间没有看过这个片子了。最强烈的感受是时间虽然已经改变，这部 20 年前的电影如果重新拍摄，还是要拍成写实的作品，《小院》的基调是对的，我们那时就非常现实主义，今天就是技术上好些，也不一定。因为，那个年龄有一个很朴素的东西在里面，今天拍摄技术、资金会多一些，但不一定会这么朴素。”

艺谋在学习和做事的过程中，会在下面做非常多的调查研究和准备工作，然后才会发表自己的意见。记得在上课过程中、在拍摄作业中、在做实验的过程中，他都是有条不紊、稳扎稳打，即便是参加宿舍同学的讨论，也是都想好再说，往往都是话语不多，但是发表的认识和看法都非常到位，给我留下了深刻的印象，对我的影响比较大。在后来和他在一个组作为联合摄影拍摄《小院》的时候，看到他更多的是考虑如何完成故事，对现场的环境进行怎么样全面的展示，对摄影艺术上的处理，怎么样和导演的创作和处理相吻合，往往是用最为简单的摄影技巧和方法，表现最好的效果，对所有的问题，都能够提出自己的看法，比较具有操作性，也比较服人，他没有以年长自居，反而是经常带头干活儿，起到了在我们摄制组稳定“军心”的作用。

毕业以后，因为各种各样的事情，我们经常在一起，接触比较多，我经常是望着艺谋，看着他一直保持着旺盛的精力，做事还是那样非常认真，从心里感觉，自己真是应该向他学习。

2002 年 2 月 17 日下午，在北京王府井大饭店，北京电影学院“78 班”的毕业同学，暨中国电影“第五代”影人 20 年聚首活动正在举行，上学时期的学生会主席金涛，在举行的记者见面会上，首先宣布：北京电影学院“78 班”(82 届)，在对 10 年前所约定的奖项进行了评选，现在公布由同学们集体评出的 18 个奖项。“78 班”表演系的同学谢园代表“78 班同学会”宣布：“昨天，经过我们的认真讨论，评出了这次‘20 年聚首’同学会的 18 个重要奖项。其中，‘最佳大露声色奖’是给大红大紫、名利与声色两手都硬，双双获得丰收的摄影系‘78 班’的张艺谋和导演系‘78 班’的陈凯歌(并列获得)。”

上学的时候，艺谋在学校就是一个被关注的人物，一是因为他是没有经过考试，而是靠自己作品的水平破格录取的；二是他上学、上课、学习比一般的同学要表现出更多的认真和细致；三是他的作业在一开始就显得比较有想法，完成的结果也显现出与众不同，所以在摄影系，他是同学们主要依靠的对象，这是他的年龄、知识、为人所决定的。

张艺谋，对国人来说，是一个标志性的人物，也是矛盾的焦点。在媒体的报道下，成为了中国电影界的一个传奇、神秘和有争议的人物。

他导演的电影作品，颇具正反两个方面的声音，但是他心里有数，他不爱回应，也不习惯解释什么，他现在几乎可以说是完全暴露在公众的场合之下，他的一切是在今天、在网上就能查到的。但我认为那只是文字上的意义，这些对于他的成长和内心有什么样的影响，也只有他自己知道。但是，我也知道，这些所谓的文字的东西，永远没有办法帮助他的电影创作和其他的艺术活动，也写不出他的这些独特的经历对他所产生的影响，以及对他人生所留下的烙印。毕业以后，一直与艺谋有比较多的密切联系，也走得比较近，在他为人和创作上更加看得比较清楚。我们学院多次请他到学院进行讲学，多是与同学、老师在一起讨论电影，越发深刻认识了艺谋作为艺术家的内心世界和思想意识。而我本人，比较关心他的电影创作，收集关于他的电影创作的文章，把他对电影创作和电影的艺术创作的得失进行分析，在教学的过程中进行讨论。

很多人问到为什么要从摄影师改做导演的时候，张艺谋说："我上学的时候，在学校其实很尴尬。因为，摄影系全班同学都比我小，而且是因为特殊的原因进的学校，我的自尊心很强，性格上也很内向，我自己在心里也觉得不好意思。那时学院摄影系毕业后到电影厂，要当七八年的助理才能当摄影师，完全是因为年龄的问题，我对未来当摄影师不存太多的期望，完全比不过这些比我年轻的同学。我到学院后，看见导演系的同学岁数和我都差不多。这个年龄段不错，可以在一个点上起步，心里便有了改行的念头。想改行做导演，完全是出于对实际的考虑。现在，外面的说法是我开始热爱导演艺术，其实，我完全是找一个比较实际的出路，没有太多的妄想。"

艺谋拍的电影作品获奖最多，同时他拍摄的态度也是最认真和最细致的。早期陈凯歌在一篇《秦国人》的文章中，对艺谋的文字描写是这样的："西望长安绣成堆。张艺谋是从那里走出来的后生。不是因为名字，而是他打了实在的主意，为艺谋，不为稻粱谋，为这，他拿着用血换来的相机去走物华天宝的秦地，阿房弃石，兴庆断瓦，去病陵前石雕，始皇穴中兵马。茂陵刘郎已作秋风过客，饮中八仙唯余黄桂稠酒，更有则天武后，以土为女身，万世横陈于关中大地。凡此风物种种、感受浸润足以涤胸襟，壮怀抱，识兴亡，举志向。年年岁岁花相似，岁岁年年人不同。曾经10次登临华岳的张艺谋，远望天地人烟，想到更多的怕是包括他自己的万家忧乐吧。家事国事，亲人故人。弃我去者，昨日之日不可留；乱我心者，今日之日多烦忧。稼轩词中说：落日楼头，断鸿声里，江南游子。把吴钩看了，栏杆拍遍，无人会，登临意。”其实，在字里行间，我们看到的是凯歌对艺谋的敬重，看出了同学之间的坦荡胸怀。

艺谋至今仍然对自己上大学的选择认为是一个明智之举，他说：“上大学在那个时候是一个非常重要的事情，上大学能学不少的东西。我自己认为，我上大学前完全是一个外行，上电影学院完全是为了寻找出路。在中国，上大学实际不一定是为了理想，完全是为了求生，希望改善自己的命运，一旦上了大学，就进入某个阶层，就是有出息的人了。我当时接到通知书的时候，厂里的人问我电影学院是不是学习放电影的，因为他们不懂拍电影，觉得放电影要学四年。没有电影学院，你们和我们都不会成为所谓的专业人才。在现在这个竞争的环境里，学生的适应能力和信心是比较重要的，不能气馁。在逆境中要挺住，谁坚持下去谁就能成功，坚持下去就会有成绩。”

现在社会上有一个非常不好的现象，以贬低别人来抬高自己。媒体开始还有人在关心张艺谋的电影创作，而在后来的时间发展过程中，娱乐媒体越来越远离了原来的鼓励创作的宗旨，开始成为了另外的一个想象不到的状态：没有人鼓励张艺谋的电影作品，没有人体味张艺谋的创作困难，挖苦的词汇多于肯定分析，贬低的语言多于表扬肯定，演绎的故事多于真实事实。这样时间一久，愣是让娱乐媒体把张艺谋弄成一个不是“东西”的“神秘人物”，所有有关他的一切行踪、说法、逸事、讲话、电影、花絮，都成为“爆炒”的材料，甚至有些人道听途说，抄袭剽窃，把别人组织活动录音的文字和别人撰写的文章资料，整理加工成为自己的所谓“博客”来哗众取宠。正是在这样的情况下，这些年，张艺谋不断地辛勤耕耘，不但拍电影、MTV、广告、申奥宣传片，还担任国际电影节主席，还到国外导演歌剧，在国内导演芭蕾舞剧、大型实景山水剧，导演奥运会开幕式、闭幕式和残奥会的开幕式、闭幕式，成为了我们国家文化、电影的重要人物，结果是更多的眼睛和文字关注着他。

想一想，与其他的电影人一样，张艺谋现在每一天、每一时都在干事情，他要面对不同的声音，遇到不同的问题，人在途中，身不由己。但艺谋遇到的问题比任何人都要多、要麻烦，我清楚，他的心是坦荡的，他的态度是真诚的。前几天和他谈起他在准备的奥运会工作，他说："当我开始接手这项工作以后，我才发现，这是一个比电影还难数百倍的事情，许多问题是我们想象不到的。"

其实艺谋在他的每一部电影中，都力图突破自己，进行着自己对一些感兴趣的东西的表现和追求，并在电影中进行着影像表达上的试验。

这么多年，他很认真地对待自己拍摄的每一部电影，在创作上他很执著，他一直保持着自己良好的心态，来对待周边的人和事，一旦他想什么事情想得比较完整了，他就会在各个方面征求别人的意见，保持着一种对事物探究的心理，保持着他上学的时候养成的那种求新、求美、求变的状态，让自己在创作上保持一种热情、极端的心境，别人说什么，他听，但是仍然会坚持自己的东西，他义无反顾地在他拍摄的电影题材、故事、风格、样式、人物上进行着各种各样的试验。其实，张艺谋的所有电影，在最初的创作过程中，在他的潜意识中，他是想在自己的电影和影像中，表达自己对艺术、人物、生命、人性、风格、哲学的感受，并进行一定的探索，他很少上来就想着商业的东西，都是力图展示自己的一种才智，在艺术和商业方面，电影创作考虑的更多是前者。他在每一个电影中都要塑造和肯定一个特殊的意义和符号，表现一种不同的文化价值，他的电影给我们的视觉效果是主观化的、民族化的，往往是令人震撼的。

艺谋说："中国电影其实是一个很大的命题和概念，我每次出国面对国外的媒体和观众的时候，都会觉得他们对中国了解比较少，甚至是非常少，中国对于他们来说，是一个非常大的国家，是一个有悠久的历史，有了不起的文化的国家，中国电影到今天的 100 年，是几代人，是很多杰出的电影人士支撑着整个中国电影的局面。"

他的电影中:故事是简单的、人物是鲜明的、影像是震撼的、色彩是艳丽的、形式是风格化的,在这一切之下,他的电影中包含着更多的历史学、哲学、电影学、社会学、民俗学、心理学意义的东西、包含着他作为一个学习电影专业的人,作为从摄影师成长为导演的经历,更多地是在自己的电影作品中表达和反映他对社会生活的认识。

艺谋说:“别人怎么样看你和对待你的电影,这是别人的事情,任何的称谓和说法对你自己的创作可能会有害无益,但是对你电影的看法,可能会对你以后的创作会有比较大的帮助,如果把自己太当回事,太注重某种所谓的看法、说法和价值观念,你很难可以完成好后面的创作。”

可能是历史的原因,艺谋在他的电影中,对父亲的表现和父权之间的情感、事件、关系比较关注,他的这种关注不是直接表现和描写,而是通过对女性和母亲的表现、塑造来完成的,所造成的结果是张艺谋本质上是在电影的表现上,同时兼有了粗犷与细致、刚烈与温馨的特征,他本身在情感上是一个矛盾的人,在某种程度上同时具备刚毅叛逆和多愁善感的性情。他经历的曲折和磨难,加之他的文学和历史素养,使得他敢于惊天动地,为了他的电影梦想,他在电影的创造上可以不管不顾。而在生活中,艺谋对任何事情总是考虑得非常细致,非常到位。同时,他还是一个感情细腻的人,对母亲的眷顾和关心,对女儿的关注和疼爱,都体现了他作为儿子和父亲的责任。

艺谋说:“我拍电影的目的非常简单,就是要让中国人看得懂我所表现的东西。我有两个诀窍:一、深入到人和人之间细微的感情世界里去;二、保持我自己的个性,做到‘人无我有,人有我特’。”“中国内地电影多年来坚持一贯的人文个性,观众也有这个愿望,我们不要低估了老百姓。”

其实,作为今天的艺术市场,对于任何导演拍摄的任何电影,任何人都有评论的权利,也都有发表意见的权利,但是,作为创作者的难度,对于一般人来讲,是没有办法真正理解的,只有他们自己心里清楚。

艺谋是一个比较坦然的人,他从来不太在意某一种对他个人和电影的评价,也能够正确地对待这些东西,往往是他的一个电影出来,各种各样的评价铺天盖地,表扬也好、批评也好,他反而不太在意,只是注意其中对自己未来电影创作有帮助的东西，自己心里清楚以后自己应该做什么和怎么做事情，自己有几两重，先天有什么问题，剧本有什么问题，能做到什么程度，优点和缺点的比例。他说："其实我心里很清楚，我知道电影艺术无法做到完美，甚至由于各种各样的限制，无法做到让自己完全满意，所以，大家对我的电影的夸奖和批评都很正常，关键是自己怎么样对待，所以我不太在意某种说法。没有人是一个完人，我自己拍摄完成电影以后，也会发现其中的很多失误，这是由于拍摄现场难以避免的失误，电影创作，有很多的东西是因为天时、地利、人和方面的变化导致的，它们注定要发生，我们可以预见，也可以克服，但是有的时候是无法改变的。"

据我知道，艺谋是看书很多、很勤的人，他经常在看各种各样的杂志和小说，在这个过程汲取文学的营养，搜集不同的故事，为自己未来的创作准备剧本，甚至，在拍摄的繁忙之余，还和自己的团队讨论故事和剧本，他是一个工作起来不要命的人，没有时间、没有假期、没有休息。

艺谋还注意看各个国家的电影，在去国外拍摄、制作、担当评委的过程中，观看不同导演的电影，从中汲取营养，学习别人的创作经验和好的东西。艺谋实际上已经在电影创作上取得了非常高的成就，但是他从来都是非常谦虚的，不以大师自居，不过多地在媒体上宣传自己，更不在媒体上提升大众的吸引力，他认为，导演与投资方的合作，是建立在彼此良好的信任关系上，同时，对于导演来说，要用自己的行动和作品，来建立这种信任度，这是需要从一点一滴做起的，是需要靠自己的勤奋、能力来证明你的工作成绩，来建立自己的有形和无形的价值的。

张艺谋的早期电影摄影创作，讲究的是摄影上的视觉冲击，比较注意与传统影像上的差异和对立，他还注意尊重中国传统绘画的精髓，注意在自己的创作中发扬，艺术上的处理新鲜，结构上的组合独特，手法比较娴熟和极端。随着时间不断推移，艺谋的后期电影创作，一直坚持和采取了更多的探索和追寻，坚持"艺术上的多变和创新并不可怕，多变和创新反而是一位艺术家应该事事要求自己做到的"。他在后来的电影创作中，目的性非常明确，要让中国人看得懂自己所拍的电影，弄得懂自己讲的故事，深入地表现人和人之间细微的感情世界，保持自己的创作个性。

但是有一些文章则对张艺谋的电影创作进行评论。这类文章的作者首先都要简述张艺谋的成长经历和电影创作过程；论述其对中国电影所产生的影响；提出其几部电影现象在世界电影中的基本位置；列出部分评论文章的不同看法；进而就会从历史、文化、民族、审美等多重视野出发进行批评；甚至用各种各样的学科的方法和词汇对张艺谋电影进行深入的修辞论述和阐释，揭示其民族与世界、个人与国家的文化内涵；接着对张艺谋影片中的事件、情节、人物、特点、风格等作出独特分析，在这个过程中，往往提出比较怪异的论点和文化概念。在此基础上就开始对张艺谋个人（注意，不是针对电影）进行评论，创造出了无数的概念和词汇，真是羡慕这些人，居然可以创造出如此多的“名词”。

表面上看这些文章，从历史与文化双重视野这一崭新视角对张艺谋电影进行了全面而深入的理论解剖，认为张艺谋电影出自个人文化品位和国家孕育，集中反映了张艺谋的个人文化追求和电影文化想象。其实，我们会发现，一些文章观点空泛、虚话不少、论述繁复、没有见解、言之无物、堆砌辞藻，显示出审美批评和文化批评的空洞。这是文化的悲哀？还是电影的悲哀？是理论的悲哀？还是学问的悲哀？是学者的悲哀？还是方法的悲哀？其实，在今天，说话谁都会，说什么话谁都会，说不负责任的话更会，说站着说话不腰痛的话，说哗众取宠的话，是人都会说。我认为，这样下去，电影的理论永远不能站在引导电影发展的前沿，也不能在理论上促进电影的创作，也繁荣不了电影的产业。

不重复自己，有所创新，是所有从事艺术创作的人都在力图解决的问题。张艺谋在每一部新的电影中改变着自己创作的轨迹，在每一部电影中试图去挑战自己，他一直在创作的过程中调整自己所要表现的东西和电影表现的形式，并尽可能地贴近社会现实，使其具有更多的和产生新的意义，我们在他的作品中，可以看到他的这种思考，看到他的意识和探索的结果。他的电影里面往往折射了他对电影观念和形态上的认识，特别是反映了他在现代社会发展的过程中，他对中国电影的探索。对张艺谋来说，他的创造性在于，他在每一部电影创作上都力求有所突破，对故事的叙述和人物的塑造上都最大限度地表现新的视点，最形象化地表达自己对电影的认识，并形成了他自己特有的叙事方法、视觉效果，这也是他在当代电影艺术创作的发展中所做出的一个重要贡献。

其实，张艺谋的电影都是他自己对社会的认识，也是自己想对社会进行的述说，祝愿他仍然坚持自己，仍然勤奋追求，祝愿他的创作会越来越好。

陈凯歌

陈凯歌，1952 年 8 月 12 日生于北京，中国著名电影导演，原名陈皑鸽，祖籍福建长乐。

陈凯歌出身于艺术世家，其父是北京电影制片厂著名导演陈怀皑。少年时期经历过“文革”和“插队”。1978 年陈凯歌考入北京电影学院导演系“78 班”。1982 年毕业后任北京电影制片厂导演。

他情有独钟的始终是文学，尤其中国古典诗词。7 岁开始，母亲就严格地教他日日诵诗，习字读书。他今天写的一手好字，能够背诵上百首唐诗宋词，下乡带的是《费尔巴哈和德国古典哲学的终结》《诗词格律学》《红楼梦》等书。1984 年他执导的《黄土地》以其突破性的电影语言对中国电影产生了极大的影响，并为中国第五代导演走向世界奠定了基础。

陈凯歌后来客居美国纽约游学、访问，写有自传文学《少年凯歌》。他的主要电影有《大阅兵》《孩子王》《边走边唱》《霸王别姬》《风月》《荆轲刺秦王》《和你在一起》《无极》等。《黄土地》于 1985 年获瑞士第三十八届洛迦诺国际电影节银豹奖，英国第二十九届伦敦及爱丁堡国际电影节特兰杯导演奖；《大阅兵》于 1987 年获加拿大第十一届蒙特利尔国际电影节评委特别奖，意大利都灵青年国际电影节大奖；《孩子王》于 1988 年获第八届中国电影金鸡奖导演特别奖，联合国教科文组织国际影视委员会特别奖，比利时 1988 年电影探索评奖活动的探索影片奖，第四十一届戛纳国际电影节教育贡献奖；《霸王别姬》1993 年获第四十六届戛纳国际电影节金棕榈奖。

我确实对人性有极大的兴趣/陈凯歌

陈凯歌在“78班”是一个比较低调的人物，由于插队和当兵的缘故，在系里又不是最年长的，上学的时候，凡事不会走在前面，跟同学的关系比较融洽，与其他同学打成一片。当时凯歌、壮壮、赵劲都是比较受同学关注的人物，因为他们的父母都是电影行里的前辈，所以大家也认为“子继父业，理所当然”。

凯歌在年轻的时候，属于大帅哥，轮廓清楚、相貌俊朗、身材高大、博学善谈，在电影学院属于回头率比较高的人。大伙开始都叫他凯歌，后来也记不清什么时候大伙开始不叫他“凯歌”了，而改为叫他“凯爷”了，估计是因为他经常跟人家“喷”历史和文学，给大伙儿都贴墙上了，所以也就以爷相称。其实，与其他的同学一样，真正了解凯歌，还是在四年的学习过程中，对于我来讲，接触最多的还是我们在四年的篮球场上和各种各样的赛事上，他担当中锋，身材高大，技术娴熟，动作到位，绝对主力，那时艺谋是右前锋，我是左前锋，感觉他有很强的空间感和控制局面的能力，在位置上和指挥上经常是“运筹帷幄”。

由于“78班”同学有很多人有插队经历，所以在同学中，形成了一种插队情结。无论怎么样，大家都是认为这是一个比较有意义的经历，但是对于“78班”的任何一个年龄段插过队的同学，都是一个锻炼，是社会对于个人的考验，有社会的被迫成分，其中也包含着对个人的放纵，在广阔天地可以放纵自己的理想和思想，从中寻找思想上的理想主义和精神上的幸福生活。

上学的时候，凯歌说起自己的插队经历，都是用一种感叹的口吻来回忆那不可思议的年代，感叹自己是怎么样走过来的。很多同学都有一种感受，插队不能说是一件坏事，其中包含着社会对我们的磨炼，让我们了解中国的社会，让我们知道中国的农村，在广阔天地中冷静地思考人生和人性的意义，农村教会我们的东西是教室里永远学习不到的。

现在看来，“文革”对知青也留下了社会的财富，过程并不重要，重要的是结果，凯歌的电影给我们更多以历史和文化的思考和回味的东西，他并不是要在电影中宣泄什么，而是带着我们去思考一些东西，社会的历练和知青身份，使得“78班”的同学心态，没有“迫害”、“边缘”感觉，更没有自恋和夸大个人的不幸的成分，也是把苦难和坎坷看成是历史的经历，所以“78班”后来的电影不是控诉社会，而是在思考社会。凯歌也正是用这样的心态，在一系列电影中，对中国历史和现实进行关注，在冷静的思考后用自己的思想叙述，帮助我们认识国家、民族的历史和苦难，其实，凯歌也正是在这样一种对个人磨难和历史苦难的认知上，拍摄成他后来的许多电影，使自己对历史的认识和反思升华为一种具有现代性的电影意识。

电影大师、争议人物、文化学者把这样几个称呼集中在陈凯歌一个人身上，是一件不可思议的事情。我看见的陈凯歌他就是一个纯粹的执著的电影追求者，当他在拍摄电影的时候，他对电影的痴迷和热爱使他就像一个顽强的战士和可爱的大男孩儿。

凯歌其实是一个非常认真和钻研的人，他有任性的一面，也有和蔼可亲的一面，与其说他是一个著名电影导演，倒不如说他是一个非常有探索心的对电影敬爱的追求者。他的平实、他的厚朴、他的血性，都是体现在电影的创作中，有时他也常常给人一种意外的固执、刚烈，文如其人、电影也如其人，亲切、朴实、自然、率真、坦诚。

在学习上，他经常是可以借助于历史和文学，对事情和人物进行仔细分析，能够说出自己的见解，也能够提出不同的处理方法，可能是在“文革”时他和父亲之间的情感、事件、关系所造成的结果，凯歌本质上是一个比较细致和温馨的人，在某种程度上有一些多愁善感，但是深厚的文学和历史素养使得他耐得住寂寞，如果让我形容凯歌，我认为他一直是在跑道上奋勇奔跑的人，不过现在为了他的电影梦想，他在调整奔跑的速度和步伐。

凯歌的电影风格，其主要是源于成长期中的当兵和插队，更是由于“文革”的历史，他心灵受到极大的伤害，迫使他在文学中，寻找精神的慰藉，以便寻找到真正的答案，他的更多的作品，就是在帮助自己回味这个思考的过程，借电影这个形式讲述他自己的精神里程和思想过程，从而拯救自己的心灵。在他 14 岁那年——“文化大革命”当中，陈凯歌在众人面前推倒了自己的父亲——中国著名导演陈怀皑的事件，后来让他意识到这是在背叛自己的父亲，他并没有得到别人的信任，这是对他重大的打击，给了他更多的精神上的警醒和压力，也在后来的成长过程中，形成了更多的伤害。

凯歌在上学和后来的电影创作中，一直是一个善于思考和肯于思考的人，所以他在初次与张艺谋合作拍摄及接触了以后，马上就发现了他的沉默寡言，所以在那篇《秦国人》里，把张艺谋描述得非常准确和到位，这就是观察生活和表现生活的功底。凯歌专门写的《秦国人》，更多的是在拍摄《黄土地》以后对张艺谋的感受抒怀：“我与艺谋初识是在电影学院。因住在一座楼中，每日碰面，彼此也知道姓名，并不算熟。一年以后，他与军钊、肖锋、何群一起拍出了《一个和八个》，看了让人犯傻。只是这之后的合作中，我才有机会慢慢对张艺谋有点儿了解，了解的结果之一是我和他、何群，还有摄制组的全体人员一块儿拍出了《黄土地》，也让我们之间有了点感情。西望长安绣成堆。张艺谋是从那里走出来的后生，不是因为名字，而是他打了实在的主意，为艺谋，不为稻粱谋。为这，他拿着用血换来的相机去物华天宝的秦地。曾经十次登临华岳的张艺谋，远望天地人烟，想到更多的怕是包括他自己在内的万家忧乐吧。我常和张艺谋不开玩笑地说，他长得像一尊秦兵马俑，假如我们拍摄一部贯通古今的荒诞派电影，从一尊放置在咸阳古道上的俑人大远景缓推成中近景，随即叠化成艺谋的脸，那么，它和他会是极相似的，或许因为艺谋是真正秦人的后代。”他的写作比较另类，文言加白话，让大家知道了他学问的底子和写作的风格，很多人不理解他为什么要这样行文，其实就是用词言简意赅，词义准确，这都是由于读书多的缘故。

陈凯歌和张艺谋导演曾经合作过的《黄土地》《大阅兵》，使两个人的才华得到了充分的展示，两位同学的合作，惊动了中国电影的环境，也带来了无限的荣誉，其实这就是历史的捆绑，使得他们有机会以非常团结的方式奠定了各自的在中国电影专业领域的基础，“78 班”、“第五代”在电影创作的初期，都是团队作战，甚至表现出某种虔诚和极端的形式，所有人至今回忆起来，仍然认为弥足珍贵，也是那时打江山时一段非常让人难忘的时光，那时候团队作战的精神，焕发了大家对自己的创作欲望活力的认识和期待，后来的分野是必然的，不是每个人发生了什么变化，而是电影的特性和他们的特点，让他们开始进行“细胞分裂”，走向自己创作的真正个性化、多元化。

实际上，凯歌是把《一个和八个》的星星之火，点燃成为了燎原大火的人，《黄土地》作为“第五代”电影的第二部标志性作品，对中国电影的面貌和在国际上的地位做到了非常大的改变，最突出的一点是在完成叙事的基础上，电影作品视觉影响力非常鲜明，影像震撼效果表现力非常极端，电影观念思维张力上非常厚重，使中国电影在叙事方法、审美形态、艺术风格、影像形态和文化影响上，都发生了根本的改变，在中外影坛上造成了一种强大的冲击波和震撼力。1984 年的《黄土地》，表现了中国战争年代的苍凉和悲悯，是这个历史故事中寄寓着创作者对中国历史的重新认识，表达了年轻人对于民族精神的深沉思考，体现了无拘无束的一代影人在艺术上的勇敢探索。他的忧患意识，在《黄土地》的电影中，就显现出来了，他的电影实际上具有强烈的反思意识，但是更多的是体现着对历史问题、文化传承、人性批判的意义。

继《一个和八个》以后，陈凯歌的《黄土地》的拍摄，无形地撑起了“第五代”的电影大旗，开始了对电影语言和电影形式的探索，实际上起到崛起中国电影的作用，对电影意识的提高和国家文化的思考起到了推动的作用。《黄土地》的出现，特别是表现出来的形态和风格，使“78 班”创作思想和追求有了比较完整的状态，使“第五代”的电影，有了更进一步的宣言，也使他们的存在具有了历史的合法性。其电影语言的形式探索，作为一种集体行为和象征行为，它实际是电影专业学习以后的实际成果，是在创作现实中的具体体现，也表现了集体对中国电影的反叛，表现了对中国电影的探索，电影用诗歌和神话的方式，表现历史事件，并暗示了现实的意义，用电影艺术形式表现革命的历史和革命的精神，在主题上、叙事上、影像上、风格上构成“第五代”独特的姿态和魅力，《黄土地》的出现，向我们证明了，电影是一种对待艺术的观念，也是我们观察和表现世界的方法，重要的不在于我们用电影的形式讲述什么，而在于我们用电影怎么样地进行讲述，这就是凯歌率先提出的问题，也是他用电影让我们开始思考电影的本体，开始想我们怎么样地去拍摄电影。

我们说陈凯歌电影的主要特点：历史、沉重、文化、思考。陈凯歌的电影一向以主题宏大、蕴涵深刻、人文厚重、寓意丰富而得到人们的关注。他的电影特别专注于政治、历史和文化，善于在一个看似比较简单的故事中讲述深刻的意义，运用电影的丰富手段和鲜明影像表达思想。有人说他是中国电影的思想者，当然也有人说他没有必要在电影这样一个艺术形式中思考如此深刻的问题，也没有必要在电影中去研究什么中国的历史和学问。陈凯歌的风格是谁也改变不了的，他的电影就是要把自己的思想放在其中，他一定是要把自己的作品拍成一部有思想内涵的作品，所以有人说他是一个具有良知的、多愁善感的人，作品充满了忧患意识，但是还是力图充分表现人类文化和文明的精神，他自己在电影中，非常鲜明地表达了自己的爱憎，表明自己对这个社会和对这个问题的态度。凯歌电影的故事、情节、人物、事件、细节都是精心构思的，表现出一种负载的厚重。

《黄土地》的故事，实际上是借助一个革命历史故事，表达一个偶像化的人物，表述了在无限广大深远的黄土高原上星星之火可以燎原的革命历史神话，在展示的过程中，让我们体味理想与现实的关系。

《大阅兵》探讨的是个体在整体中的位置和关系，表现了个人与国家利益的关系，表达了整体性的力量和优势对一个人的成长的关系，也展示了目前我们个体与群体之间的距离所产生的忧虑。

《孩子王》表现了他对生活比较深刻的认识，电影以其深刻的思想和精湛技巧，表现一个沉重思考，这是他对中国传统文化反思的结果，也体现了他对中国文化特殊形态所进行的思考，给我们更多的感叹。

《边走边唱》是讨论关于生命的问题，特别是关于过程和结果的问题，也表现了他在探讨信仰上的追求与失落；特别是用一些非常特定的环境，展示人的命运和影片的风格，用生活的过程，表达了一个民族的文化与神话。

《霸王别姬》的拍摄，开始关注历史和对文化的痴迷，内容上是历史的事件，形式上是表现中国的国粹——京剧的态度上。陈凯歌在电影中，回顾了中国历史的过程中，展示了中国艺术发展的历史，集中歌颂了文化传统的魅力。

《风月》通过影片故事本身，表现久远的腐朽和沉迷的故事，让我们看到人性的变化，让我们感到，在环境中，在特定的一种腐朽制度中，挖掘人物内心深处的东西，人在社会中是多么的渺小和无助，体会人和制度的关系。

《荆轲刺秦王》是通过故事表现一种浓厚的怀古情绪，表达一种昂扬的精神状态，也是以一种历史批判的态度，对于整个民族精神进行反思，是一种激励，也是中国通过秦朝历史上的故事，来表现一种精神的状态和向上的态度。

《和你在一起》完全是凯歌导演的一次心灵净化和梳理，有一丝的忏悔隐含在其中，在影片中表达了父子血脉中一直流淌的亲情，这种电影创作风格的改变是其探索精神、自由意志、无畏精神的表现，电影思想的尖锐性是隐藏在里面的，他开始关注商业的意义。

无数的报刊、文章、书籍的信息及网上的一些信息，会有不少批评和抨击凯歌的电影和为人的，不是凯歌有什么样的错误，而是他比较耿直，说话没有遮拦，得罪了一些媒体的朋友，现在他说话也注意了许多，但是这些信息真正涉及凯歌电影的，不多。

令我感叹的是，一些文章，很少有人能真正懂得从电影制作、电影导演、电影专业的角度写他的作品写他的精神，真是太少了。这些文章不会引起凯歌的注意，更不会对他的创作有什么帮助。当下，我们存在着一种复杂的非常反差的现象，电影的市场越来越重要化、大众化、传媒化、广泛化。反而，电影的理论、研究、评论、批评越来越非专业化，没有办法在宏观上指导电影的创作，制作人和理论人隔着一条河在各干各的事。这可能是信息时代的一个“时髦”，结果是所有的人都非常热情地、业余地讨论电影的形态、意义、审美、外延等等，但是就是不涉及电影本体的研究，从不提及电影的制作、创作、技巧、技术、方法、手段、规律、风格，这恐怕是中国电影的悲剧。

在电影制作中，电影导演是一个观念表达和技术、技巧创作的核心主体，用影像表达一个导演内心世界外在形式，视觉结果是一个导演精神追求。凯歌更为钟情于他作为一个艺术导演或者风格导演，他是中国电影巨大战车上面的一个轮子，也是一面旗帜，一种现象。他的电影中包含着更多的传统、哲学、历史、社会、文化和心理意义的东西，包含着他的成长经历、生活感悟、社会认识以及电影观念。他的作品的创造性在于，在每一部电影创作上都力求有所突破，都力图对自己的电影进行颠覆，对故事的叙述和人物的塑造上都最大限度地表现新的视点，最形象化表达自己对电影的认识。

世界上所有的导演，在今天都面临着电影的商业价值问题，这也是制片人非常敏感的问题，似乎都愿意在这个之间找到一种平衡。凯歌自己也说：“我这个人比较拧。所以，拍出什么东西都文责自负，在当今这样一个商业社会里，不免有很多的困惑。有的时候你要想完全按自己的想法去做，事实上做不到。”艺术其实需要这种执著，他与所有的人都面临着电影的艺术与商业的问题，似乎他更虔诚于艺术。

凯歌在骨子里从来不太在意别人对其电影的评价。他认为，电影是非常个人化的东西，一个电影的构思和完成后，评价自然会是各种各样，现在说话的人太多了，你能在意什么？什么可以在意呢？拍电影是一个极为个人化、主观化和艺术化的创作，自己知道自己要干一个什么样的东西，心里也清楚可能会产生的后果，但是唯独无法控制电影未来的票房。电影是一门非常独特的艺术，是一个非常独特的产品，有的时候票房和导演本人、作品本身没有什么的关系，艺术本身就无法做到尽善尽美，甚至更没有办法做到让制片和自己完全满意，所以对于自己作品的任何夸奖、肯定、评论和批评,那是这个人的事情,有什么样的说法都是很正常的。我们所能做的，就是根据自己的拍摄过程中体会和完成以后的感受来反省自己,然后在下一次的电影中,去表现一些新的体会和感受。

电影艺术是一个非常个性化的创作，凯歌的电影更多地是在遵循他做电影的宗旨,他关注人,关注与人有关的一切事情,对这些都表示出极大的兴趣,都细致地表达。在他的心目中,电影应该对人性的东西做深刻地研究。从作品《黄土地》《大阅兵》《孩子王》《边走边唱》《霸王别姬》《荆轲刺秦王》一直是在写历史和人类的命运,写社会改变和人的磨难,都是对人性与人性之间进行一次深刻地讨论。“我确实对人性有极大的兴趣。我们对作为我们自身是谁了解得不够多。我的电影拍成什么样在很大程度上是因为我是谁。即使在今天,一个非常进步了的社会中,人性这个因素还是时时存在的。”这说明,在他的电影中有文以载道的思考,有对社会的关注和责任。

我们可以看到,凯歌的电影中文学上的底蕴是非常深厚的,这是他的特点,也是在创作上一直在坚持的东西。作为导演他一直在坚持创作,这是最重要的,同时要挑战自己,不重复自己,凯歌在每一部新的电影中都在改变着、否定着自己,他一直追求在创作中表现自己所要表现的东西,传达着自己的思想和意义,用电影影像和形式述说着新的理念,我觉得这是他最可贵的地方，我们期待着他在路上接着狂奔，拍摄出更好的电影作品。

陈凯歌的电影具有两个非常显著的特点，他的童年经历和青春期的记忆,使得他具有沉重感和历史感;他的文学功底和才华,是他自己努力的结果,也是我们这一批同学中最好的。很大程度上说是这些电影是艺术电影,不如说是中国哲学和文学的电影,因为陈凯歌在其中的表现出来的是他对中国历史和文化的思考,同时又倾注了更多的个人理解和感慨,他的《黄土地》《大阅兵》《孩子王》《边走边唱》《霸王别姬》《风月》《荆轲刺秦王》最为吸引人的电影内核,还是其中对中国历史的反思、文化反思和精神反思的东西,很难说有多少人是为了陈凯歌的文学、艺术、个性而进电影院，还是因为喜欢他的这种风格和傲骨，在其中体味他对中国社会的感悟和理解。当然，他拍的美国电影，更多的是商业体制下的探索电影的国际市场，《温柔的杀我》就是一个例子，他说过，在美国拍摄一部电影，可以了解许多的东西，也可以增加许多的知识，知道了美国电影业的操作情况，也感受了专业电影产业的运作过程。

我以为，能使陈凯歌的这些影片区别于其他“78 班”、“第五代”的电影，就是他沉重的“思想和思考”，这远远超过其他许多影片的文化和风格特征。在经历了那个年代以后，需要我们用艺术去回顾和思考，电影其实就是替代了眼睛，帮助我们去看这个世界，去用心灵感觉这个世界，更要把电影作为一面镜子，照耀我们回头看我们所走过的路，同时是我们具有一种历史的责任和社会的意识，在这个过程中，明白我们所经历的事情，从而产生意识。

陈凯歌在国内创作的几部电影，始终没有卸下时代和历史责任感，严格地讲，陈凯歌从事电影创作，一直是在潜心研究电影的问题，同时，游走于西方电影界和中国电影界，他总是试图研究其中的经验，寻求其融合的东西。凯歌的电影，可以帮助我们认识“文革”，获得的中国近代历史的认知，同时，反思我们的国家经历，重新认识人性被压抑情况下的成长经历。

和其他的导演一样，凯歌在创作初期都是醉心于自己的艺术电影，很执著很有代表性，有人说他取悦西方，有人说他固执，其实他是在用心拍摄和创作，后来凯歌在这个创作过程中干脆去游学西方，了解他们的社会、艺术、电影，甚至给好莱坞拍电影，他开始从一个关注非常个性化的艺术片导演，到开始追求电影的市场化、商业化，这是需要经过思考和过程的，其实有一个成熟的过程，至少表现了我们国家电影文化的变化和成熟，我们敬佩他在坚持电影创作的信念，坚持在电影创作的过程中表现自己的追求，令我们肃然起敬。

凯歌的电影创作就是在一些指责和谩骂中完成的，但是他可以冷静地分析不同的声音，在后面的电影中进行探索和不断地改变，且不论电影创作和评论的关系，现如今，大多数的人是站着说话不腰疼，不干活儿的在天天说干活儿的，谁在听？谁知道！现在成了干活儿的总是挨说，天下哪有这样的逻辑？凯歌就是一个典型的情况，当然还有其他很多人都是这样的情况，真羡慕这些人比较坚强，电影的创作者，用自己的作品挑起当今中国电影的担子。奇怪的是《黄土地》当时还没有什么尖锐的意见，赞扬多于指责，但是后来随着拍摄的增多，他的电影却成为了“众矢之的”，有人说是展示中国文化的落后东西；有的说是受西方腐朽思想的意识形态影响。“第五代”早期电影几乎被抛弃，同时这些人的身份从开始的时候就不被别人承认，赋予更多的边缘化地位，但他们在这样的环境下仍然在坚持创作。

对别人的评论，凯歌经常是表现出一种坦然，对电影的创作表现出来的是一种淡定和从容，没有人见过他紧张，他镇定的状态根源在于他对自己选定的故事的坚信，他的问题出在他在电影中要表现深刻，其实他根本不是要做哲学大师，是因为他对文化的沉迷，所以他让自己的作品背负极强的历史感和责任感，他认为他的电影中注定是要承担某种文化的责任，如今中国电影在更多的关注商业的效果，但是电影毕竟还是一门艺术，电影的最终效果，还是一个国家的文化形态，怎么样地使电影保住观众的同时，还要涉及我们对文化的营造。如果一味追求电影的商业效果，那么到了一定的时候，我们所想表现的、宣传的文化的东西可能会荡然无存。凯歌似乎是在坚守着自己的信念，他首先是要坚守住自己的电影的文化品位，他在“第五代”电影人中所起的作用，在提升中国电影的国际地位方面，做出的重要贡献，其深远的历史意义和现实意义都是不容低估的。

所谓的一些媒体说凯歌的电影有“贵族化”和“平民化”的问题，其实电影的创作无非是与现实有一些紧密的关照，至于什么化的问题，是读解者的态度，对于导演来说，现在更多的是要注意自觉追求电影作品的个人化和商业化的结合，这是当今整个导演群体的创作观念的问题，值得我们研究。

凯歌的关于电影的创作和采访，却从不以什么虚的东西来搪塞，也不以什么名家学者自居，更多的是表示出其真诚和坦然，说话更多的具有血性。记得2002年“78班”同学聚会的时候，他显现出了率真的一面。“不知大家是奔百感交集来的，还是奔欢天喜地来的。老同学见面有许多要说的话，不仅大家一块儿度过了四年的共同时光，有的同学也在合作拍片子。刚才看见了一叫王志红的人，我从1982年毕业，20年没见过，我从心里挺高兴的。特别让我感到回到朱辛庄了。其实壮壮是我们导演系的兄长，看得出他在公共场合是不善言辞。特别让我想起朱辛庄时金涛的那张脸，20年没变，祝贺你。特别高兴能和大家再次见面，但是，也有一点感伤，10年的时候的是我们去朱辛庄，现在来的是王府井，其实，咱们还是应该去朱辛庄，能跟大家在此见面是件好事，下次再聚，10年也好，20年也好，大家都还会在，咱也甭管年轻人说就是一帮老头、老太太，咱们乐呵咱们自个儿的，自个儿做自个儿的事，管他呢。上一次聚会的致词，我也没好好写。今天，我们能来，就是说大家都还很好、很健康、很快乐，继续为中国电影微笑和努力，为什么说是微笑呢？'第五代'还有一个特殊的意义，特定的时代造就了在座的所有同学，咱们还是'牛逼'。"

记得陈凯歌在北影厂拍摄《霸王别姬》的时候，我从学院去拍摄的现场探班，我的摄影系同班同学赵非在担任摄影师，现场看见凯歌的工作态度，是一种对电影的由衷的敬仰和虔诚。在监视器前，他非常细心地看演员的表演，甚至关心镜头的处理，也注意光线的处理，认真的态度，值得我们敬佩，看着他专注的眼神，不知道此时的陈凯歌在想什么，他有自己的想法。

我突然想起1992年，"78班"同学"十年首聚"时凯歌写的百字宣言："遥想当年，朱辛庄内，一百五十三同学，少年无忌，十足狂妄，评点古今，奋发向上，欲与前人争短长，十年过去，世称'五代'，小有气象，而今相聚，白发有添，豪情无减，一笑仍然是童颜，热爱艺术，忠实生命，洞彻人生，阐发人道，再干十年，还要再开风气先，决不食言。"字里行间，充满了深刻的含义，也是对"78班"、"第五代"10年历程的回顾，那个气势，给了所有的人激励，也让我们感受到了任何人无法比拟的激情。

田壮壮

田壮壮，1952年生，北京人，著名导演。他是著名电影演员于蓝和田方的儿子。

1966年因“文革”时期父母被红卫兵批斗，他曾隔绝自己，埋头在书中消磨时光。1968年从北京第十三中学毕业后赴吉林镇赉县下乡插队劳动，当了7年兵，喜欢上了摄影，军营生活的磨炼，对他的成长起到重要的作用。部队复员后到北京农业电影制片厂当了一名摄影师，“文革”后恢复高考，他最初打算报考摄影系，由于年龄超过规定的年龄两岁，只能转报导演系。1978年田壮壮如愿考入北京电影学院导演系“78班”。1982年毕业后，任北京电影制片厂导演。

田壮壮与陈凯歌、张艺谋等人是同学，被称为中国电影“第五代”。他的处女作《我们的角落》(电视剧)率先在文艺界引起轰动。《盗马贼》和《猎场札撒》体现着他为人性格豪爽而把柔情隐于心底的风格。在“第五代”导演中，一直在电影创作上坚持自己的风格。

近年来他一直关心着青年导演的发展，并监督策划了《长大成人》等影片。2003年起，田壮壮受母校北京电影学院之邀，调回学院任教，任导演系主任，同时任硕士研究生导师。

他导演的电影作品有《红象》《九月》《猎场札撒》《盗马贼》《鼓书艺人》《特别手术室》《摇滚青年》《大太监李莲英》《蓝风筝》《小城之春》《德拉姆》——“茶马古道”和《吴清源》。

日本著名评论家佐藤忠男称田壮壮为“当代中国最有才华、最杰出的电影导演”。

血液里都流淌着电影 / 田壮壮

田壮壮在上学的时候，学院系里和“78班”的同学，都不习惯叫他田壮壮全名，可能是因为家里父母、兄长的称呼习惯和电影厂一些叔叔、大爷、阿姨的约定俗成的缘故，都叫他“壮壮”，我们也就都跟着叫“壮壮”。所以，上大学期间，“壮壮”就成为了所有同学对他的“官称”，称呼成为了一种惯例，有的只是随嘴和亲切。壮壮调回学院任教，留在学院的这些“78班”同学现在还都开玩笑地叫他“老田”、“田主任”、“田大爷”、“田教授”、“田导演”。

壮壮在现实生活中是一个一脸胡子拉碴的人，似乎很久不刮胡子，只用剪子剪剪。印象中上学那会儿他还不是这样，脸上是干干净净的，胡子刮得全是青茬儿。后来，也不知道受了什么刺激，就很长时间总是像现在这样的不修边幅了。相对于我们“78班”的别的同学，今天他脸上的沧桑和外部的自然特征比较鲜明，比较“男人”和“爷们儿”。我们永远开玩笑，说壮壮这样最招女孩儿喜欢，人家看着他这个样子成熟、安全、有男人气概，基本上是老爸型的男人，结果还真让我们说对了，田壮壮很有女人缘。

壮壮基本上也是在外形和内心上极有反差的人，他永远是用专注的目光看着你，内心平静而细腻，不常常发表意见，其实心里早三百年前就想好了，只是不愿意说罢了。但是说了，就会比较中肯。我时常感觉，壮壮其实是一个内心澎湃而外表平静的人，同时，他还是一个比较另类的人，他不张扬、不狂妄，白发有添，勤奋不减，不愿意在别人面前与人争什么短长，总是在做自己最想做的事，热爱电影，忠实信仰。

壮壮有名，在上学开始的时候，导演系的同学知道他比较早，原因是，一部分同学是电影世家的子弟，同是在北影的院里长大，他们从出生以后，就口传心授、耳闻目睹地学习了、感受了电影的魅力，从自己的长辈那里继承了对电影的眷恋。对于其他系的同学来讲，并不十分清楚田壮壮是谁？后来，他在其他系同学当中有名，是因为他的父亲和母亲。他的父亲田方——著名电影艺术家，原北京电影制片厂的厂长；他的母亲于蓝——著名电影艺术家，原北京儿童电影制片厂的厂长。壮壮的父亲去世比较早，当时壮壮才24岁，这对于一个成长中的年轻人的影响是可以想象的，对一个家庭的影响也是可以想象的。早年间都说过，将门出虎子，子承父业，理所当然；老子英雄儿好汉，应该的，也是必然的，结果也证明了大伙儿说的是对的。

2002年2月17日下午2点，北京王府井大饭店一层多功能厅。北京电影学院82届暨中国电影“第五代”影人20年聚首活动举行记者见面会，金涛首先宣布：“昨天下午2点，我们北京电影学院78级(82届)的同学会在这儿举行，对所约定的奖项进行了评选，现在，公布评出的18个奖项。”

“78班”表演系的谢园代表“78班同学会”宣布：“昨天，经过我们的认真讨论，评出了这次‘20年聚首’同学会评出的18个重要奖项。最佳沧桑奖是给20年后一脸苍老形象，一身岁月痕迹，一副磨难状态的同学，获得者是导演系的田壮壮先生……”

上学的时候，壮壮在导演系看起来是一个不太起眼儿的人，同时又是一个做事比较低调的人，其实所有的人都在注意着他，什么时候来了，什么时候走了，说了什么，做了什么，永远在同学们的监督之下，因为他是世家子弟，他熟悉电影，他做过电影。同时，他的外形符号和外形特征比较明显：外表永远的不修边幅，永远的胡子拉碴(但不像今天的这么多)，估计那时比较穷，没有好的刮胡子刀，基本上是用剪子剪的；他那时上学永远是一身军绿色的军装，特别是冬天的时候，棉袄外面永远不穿军外衣，光穿一个军棉袄；另外，军挎包是一个显著的特征，一双军用圆口黑色布鞋；烟不离手，抽得比较凶、比较勤。这些外部特征反映了他性格的耿直和热情。

其实，在上学的时候，我们摄影系的同学就议论过，田壮壮的岁数不大，他没有张艺谋大，但是，他看着年龄很大，比较外化和沧桑，估计就是要这个范儿。那时，没有人像今天这样叫他“大师哥”、“老田”、“田大爷”。

我真正接近和了解壮壮，还是在学院上共同课的时候，他一般不太早来教室，总是坐在边上。还有就是我们在4年学院的篮球队的篮球训练和各种各样的赛事上，他打后卫的位置，脑子活，有意识，组织好，反应快，在每一次的进攻指挥上，经常是遇事不慌，控制有度。那时候我们在篮球队训练和打球的情况和安排经常是这样：凯歌中锋，艺谋是右前锋，我是左前锋，壮壮是后卫，感觉他在我们的打球中主意比较大，控制节奏和局面的能力比较好。记得在学院的4年中，我们学院的篮球队赢得了许多次文化部在京艺术院校篮球赛的奖杯。

上学的时候，壮壮保持比较敏锐的思维，就是主意比较大，一般人很难改变他，在学习过程中的问题，他都会发表自己的看法。记得一次在上中央美术学院著名教授吴达志先生讲授《西方美术史》的课时，在课余讨论印象派画家创作和作品的时候，他就对印象派绘画的色彩、风格发表了自己的认识和读解的看法，挺有自己的东西，给我留下了深刻的印象，对我影响比较大。在后来和他合作拍摄《小院》的时候，作为导演，他对现场、对技术、对艺术、对处理、对手段的各个问题都提出自己独特的看法，比较让人佩服。他经常是话不多，但是比较到位，比较简洁，在整个的拍摄过程中，善于在同学中调整气氛，看问题比较尖锐，能够统一我们拍摄的想法。大学毕业以后，我们彼此保持着密切的关系，经常联系和沟通，在他拍摄电影《大太监李莲英》的时候，我还多次去现场探班，一直很敬重和关心他。

可能是他有一个老电影厂长、著名影星的父亲和一个著名影星的母亲的缘故，他对电影有比别人更多的感情和了解，所以，在系统学习了西方电影和中国电影以后，在学习了电影创作技术技巧以后，对壮壮是一个极大的促进，结果是在20世纪80年代初，他亲自改编了史铁生的短篇小说《没有太阳的角落》，拍摄成为电视剧《角落》，是“78班”最早涉足艺术创作的同学，这事所造成的影响，在同学中久久不能平静。这说明，只要你好好学习，艺术创作的大门永远是敞开的。壮壮本质上是一个兴趣比较广泛和心思细腻的人，在某种程度上有一些执著和认真，但是，深厚的电影信念和对电影的忠诚使得他耐得住寂寞，为了他的电影梦想，他在脚踏实地的拍摄和前进。

一直在坚持着做自己喜欢的电影，不为别人和市场所束缚，这是壮壮最重要的品质，他永远是在坚持自己、突破自己，这是我们最为尊敬的东西。壮壮在每一部新的电影中都在严格按照电影的内容去实现着自己，在每一部电影中挑战自我，他一直追求最完美的东西，在电影创作中表现自己所要表现的东西，传达着自己的思考和意义，用平静的电影影像和形式述说着最激动和最令人向往的精神世界，我觉得他实际上是一个内心最不寂寞的人，也是一个对电影最忠诚的人。

在我们拍摄实习作业3mm影片《小院》的时候，他对我们这几个摄影系的同学提出的方案经常是采纳，但他也会提出自己的建议，让我们摄影的同学在拍摄的时候给予考虑。

张艺谋在一次学院放映“78班”作业以后的媒体见面会上，就说到我们和壮壮拍摄实习作业《小院》的情形：“我刚才在下面还和壮壮讨论，那时候，我们拍片子的态度特别的认真，甚至每一个镜头都画出画面来，每一句台词都几乎能背下来。那时，这部影片导演系是4个学生、摄影系是8个学生分别完成和拍摄这点戏，对摄影系同学来说，平均每一个人能拍上4分钟。从今天放映的效果上，能看出来那时我们是很认真的。”

田壮壮：“当时我们的创作是一个比较认真的状态，情况确实是这样。创作的激情不会是今天有，明天就没有了，也不会因为年龄的缘故就不存在了，对电影的热爱、对电影的执著，就会产生激情，我觉得创作的激情是永远不会枯竭的。”

壮壮在谈到学院学习的情况时：“我们的学习环境不一样。我们上学的时候是在‘乡下’（朱辛庄），你们的学习是在‘城里’（蓟门桥）。我们那时和老师的关系都是称兄道弟，你们现在可能不行。我们那时老师和学生的工资也都差不多。所以我说，老师的那点看家本领和‘私房’的东西，你们要缠着他，要在学校期间就都学会，这到社会上是真有用。”

在拍摄毕业作业《小院》《我们的田野》等影片的时候，壮壮对学院的这种教学方式非常欣赏，他觉得按照学院的教学要求，大家在一个主题下，组成一个摄制组，进行规范的工作，还要有一组演员，有各种各样的戏剧内容，影片拍摄的过程中，导演、摄影、美术处理上要有内景、外景、日景、夜景、闪电、下雨等。要在影片的拍摄中完成教学上所学习的东西，每个镜头都要反复地讨论、掌握、练习，才可以进行拍摄，所以，电影学院的这种艺术创作实践型教学的一个重要的环节，也是电影学院的特点，要求学生要认真。

学院的许多毕业生都说壮壮是“伯乐”，他对中国的“新生代”的导演，也有人叫“第六代”导演的早期电影创作做了很多默默无闻的工作，帮助他们影片的剧本策划、资金的筹措和影片的拍摄。壮壮觉得这是一个非常淡然和随意的事情，也是应该的任务，这是我们这些留在学校的同学应该学习的地方。

因为影片《蓝风筝》，两年没拍片子，他就开始做一些扶持新人的工作。他说：“我们这一批同学出来的时候，都有一大批兄长帮助我们，像西安厂的吴天明，上海厂的吴怡弓、郭宝昌导演等，才使我们今天能在社会上立足。我就开始干一些力所能及的事情，给电影学院的小弟弟们帮了些忙，现在，凡是电影学院的同学，能帮的我都会尽力帮助。”他认为电影这东西，是一个非常奇妙的东西，学院学习的和在外面操作拍摄的是两个完全不同的情况，学习的时候，先好好学习，先把自己这些本事学好了，以后有的是机会，关键是你自己有没有可以施展的才华。

壮壮是一个做事极认真的人，记得2005年5月，北京大学生电影节的时候，在北京师范大学召开了一个第12届北京大学生电影节“与时俱进的艺术发展——‘第五代电影’二十年踪迹”学术研讨会，一进入会场，坐在我身边的田壮壮就嘀咕标语中提到的“与时俱进的艺术发展——‘第五代电影’二十年踪迹”的事，我没有接招，结果，一开场，作为电影学院导演系系主任的田壮壮就说：“有点对不起诸位同学，我真是不知道今天的这个研讨会‘与时俱进’这个主题是怎么回事？也没有看见什么文件精神嘛。”

后来他对我说："我们希望开一些比较务实的电影教育、电影创作的会，别总是说一些空洞的话，做一些空洞的事。"他讨厌那种夸夸其谈的人和事，也唾弃那些不着边际的言语和词汇，做事比较务实，他更喜欢在做事的过程中考虑对中国电影可以帮助点什么，所以，他的习惯是既然答应你的事，他一定会做得比较到位。

在壮壮没有调回学院的时候，在许多的场合，我都劝说壮壮考虑一下回学院教书的问题，我说："你岁数大了，该做点教书育人的事了，反正你最近几年，一直在扶持年轻的导演进行创作，鼓励和培育新人，还不如回到学院'名正言顺'呢。"结果他考虑了很长的一段时间，终于同意了。田壮壮回电影学院的最初想法就是想发挥自己的创作经验，在教学的岗位和教室中有机会跟年轻人多接触，因为他自己也是学院毕业的缘故，所以，觉得回学院教书是一个特别顺理成章的事情。后来，我通过广电部的领导和北京电影制片厂（今天中国电影集团）的领导做了许多的工作，费了许多的周折，他们才同意把田壮壮调回学院任教，结果他在这个研讨会上语出惊人，说什么："回电影学院当老师、教书是因为交友不慎。"我就问他："你说交友不慎，你什么意思呀？我调你回来，我成了什么人了？回来也是你，说片儿汤话的也是你，你成好人了，我们倒不是东西了。"壮壮说："我真是没有什么别的意思，他们问了，话赶话，我就这么随嘴说了一句。其实，我心里真的不是那个意思"。我能理解壮壮的想法，他是生怕人家说他干不了这事。

壮壮回电影学院是经过深思熟虑的，也在于他在电影厂的多年的浸润对现实和未来的一个综合考虑，这期间和他聊过，开始总是觉得就是这么一说，但是他说的比较真诚，对照他在北京电影制片厂这些年的工作，我们发现，其实他已经在开始关注和扶持青年人的创作和拍摄。壮壮最早开始用自己的实际行动支持新电影人制作电影，是出自自己求学的经历和成长的过程，他就是在北影厂的叔叔、大爷、阿姨的关心下成长的，知道别人的帮助对一个人成长是多么的重要。他在电影厂的经历和10年没有拍片的经历让他感觉越来越不好，他在心底萌生了想换一个环境的想法，在我们多次与他交谈的过程中，我感觉出他的想法是真诚的，他是想要认真的做一件事。

壮壮人挺善良的,和他接触的过程让你可以感觉到他的朴素和真诚,让你觉得可以依赖和亲近,并且,这些年我们能从他的做事和言语中,感受到他对中国电影那份感情和责任,对于年轻一代的学子,永远是那份的舐犊之爱。表现在回学院教书这件事上,他说:“现在我有这个想法,想要回学校教书,是想总结自己的创作经验,也是想总结电影学院的‘学院式’电影专业教育,特别是想通过建立电影专项基金,扶持电影的新人。”

其实,今天在学院电影教学不是一件容易的事情,同学的眼睛是雪亮的,当今这么多的高校办所谓的“影视”专业,是高校“盲目扩招”和高校“自主发情”的结果,是功利的结果,大家心里都清楚“电影”和“电视”是两回事。现在的学生考入大学,不看你教师有多么高的学历,是博士还是硕士,也不看你有多么大的年龄,更不看你写了多少的理论文章,主要看你在上课中,讲的是不是电影创作的实践经验和应用理论,看你是不是在讲授电影本体的东西,是不是在传授电影的“干货”,东抄西抄的教师没有戏,围着电影讲空话、套话,玩弄辞藻的老师,学生都在骂是“傻帽”,在学生中口口相传,这个教师基本上也没有什么威信了。电影教学其实是一件很难的事情,加上现在学生缺少对电影神圣、庄严的认知感,你自己的创作、经验、理论、素质、总结、梳理、口才、方法、风格、备课、讲授、态度的各个方面的综合效果,才会给学生一个比较务实、真实、扎实的学习感受。壮壮说:“自己在上学时并没有感觉到老师有多么的牛,而现在,越来越觉得教电影是一个不容易的事儿,一些教授还在教学一线上坚持着,这是让我非常敬佩的。”

壮壮回到学院以后,对系里的各种工作也慢慢熟悉和适应了,他总是在考虑和讨论未来的人才培养的问题,他经常忧虑学院导演系的教师是否有丰富的电影(电视剧)创作经验和教学经验,他很忧虑如果电影学院两年不出人、五年不出人、八年不出人,我们国家的电影将会是什么样的状况。

对学生越来越熟悉和对教学越来越熟悉以后,这让壮壮产生了忧虑,也由于电影创作上与教学上的矛盾,以及工作上的各种各样的问题,他出于深感责任重大，多次提出要辞去导演系主任的职务，让更合适的人来接替他，辞职报告多次递交到我手里，我就对他说，"你想也别想，小车不倒只管推，既然来了，我们就在一起把这事干好。"

壮壮实际上觉得，谈电影、拍电影、聊电影、评电影、教电影完全是不同的事。他发现这些学生完全是迷恋电影，对电影充满热情，所以才考进北京电影学院，最后出去的感觉，不同的人是不同的，关键是我们从事教学的人，怎么样地对待学生。

电影人，特别是导演，有一种切身体会，对电影完全是一个说不清楚的东西，拍摄电影要照顾投资、故事、风格、水平、市场、票房、宣传、推广和发行，可以用"尴尬"两个字来形容自己的整个心情。在物质面前，所有精神的东西都是无力的，都是现实的。

全世界的导演，在今天都面临着电影的艺术与电影的商业的问题，有的结合得比较好，有的在努力进行结合，壮壮是属于后一种。投资方和制片人在决定电影的制作的过程中，对题材、人物、导演、市场、票房等问题都非常的敏感，希望自己的决定不是在找一种平衡，都愿意最终在艺术和商业上有一个比较好的交代。

田壮壮——在今天仍然是一个坚持自己的人，他的电影一直体现他对艺术的执著和个人化的追求，在他的电影中，我们可以看到他对电影的坚定，体会到他的追寻，感受到他的理想。田壮壮在电影中主要所表现的那种对人物命运的关怀不是宏观的，是细腻的，对人物本身与社会、家庭的关系的关注与同情，是他的电影追寻的宗旨。他的电影这种"独特"、"另类"，显现了自己对艺术反映和表现生活的态度，也呈现了他一种安详下的思考，不存在向商业妥协的问题，而关键是他对电影信仰的忠诚，是我们今天中国电影的一个品牌。

壮壮创作的电影，别人认为没有什么改变，其实，我们专业的人，可以看出他不同阶段电影的思考和表现形式是不一样的，在风格上也显现出不同深度，更多地是在遵循他做人的宗旨和做电影的宗旨，他关注社会与人的关系，对与人有关的一切事情，都表示出极大的创作兴趣。在他的心目中，电影应该是创作者对人性东西的深刻分析。电影永远是自己内心世界的一面镜子,不需要去看别人的眼色行事,从他的作品中,一直是在寻找电影的内心环境和人的命运的改变,他永远不在乎别人说什么,而在乎于自己做什么。他所表现的是他对电影艺术的执著,可以说电影是他的信仰,似乎他的血液里都在流淌着电影。

壮壮脸上的沧桑是他气质的表现,我相信,这是所有女性喜欢的那种男人类型。但是他的眼睛中的忧郁,则是他对中国电影的关注所致。他考虑的不是市场,不是越拍越紧张的电影形态,也不是考虑他自己将来是拍商业电影还是拍有思想性的电影,他关心的是我们国家的电影所表现出来的文化,是电影的投资环境,他关心的是我们到底要做什么电影,我们用什么样的电影点亮观众心里的明灯,怎么样在电影中表现你自己最有愿望和最有激情的东西。在我们的记忆和理解中,导演永远是一个伟大的创造者,因为导演永远就应该是站在摄影机后面的人,现在的中国,让导演承担许多的东西,甚至要跑到观众面前去"表演"、"宣传"、"作秀"。

壮壮曾经说过,他特别喜欢南斯拉夫电影导演艾米尔·库斯图里卡(Emir Kusturica),此人1954年出生于南斯拉夫的萨拉热窝,俗称"老库",也是50多岁的人了,壮壮除了喜欢他早期的两部:《爸爸出差了》和《吉卜赛年代》以外,还有他的《地下》《黑猫白猫》《亚利桑那梦》等,及最新的电影《生命是一个奇迹》。说不清是什么根本的原因,就是喜欢他在电影中表现出来的"懂人事儿"。其实就是懂人的感情、人的爱、人的世故,能够知道人最关心什么?热爱什么?在电影中把人生最真挚的东西展现给人类看,他的电影里没有风格的东西、没有技巧的东西、没有视觉的东西,有的是一份思考和一份沉重,但是,他的电影给生命和生活的压力不大,有幽默,有智慧,这是他与他的民族与生俱来的一种素质。

作为"第五代"电影导演的田壮壮,一直在电影艺术创作上是一个执著和坚持的人,他坚持自己的认识和创作风格,我们从他近期拍摄的电影中可以看到他的意志。

《德拉姆》——"茶马古道",从人类学、社会学、文化学、心理学和艺术学的角度,记录和表现了云南的风土人情,承载了中国少数民族的文化和历史,引起我们对政治、社会、文化、经济、发展的思考和注意。影片通过一些不同性别、年龄、民族、经历的人和事，更全面、立体地把云南地区、怒江流域的社会发展、人文思想、价值观念、家庭结构、宗教信仰、个人情感等做了一个全方位的表现。影片完全是自述式的叙述方式，观众是一个倾听和交流的对象，刺激其参与完成叙述，同时，表现了其对云南的自然风光、民俗音乐和民俗风情十分在意，更多的可能会对这么样的一种叙述自己的故事方法感兴趣。给我们感受到的是更多仪式上、情感上的尽情宣泄。我们在其作品中，理解了作者在考虑人与人、人与自然、人与社会、人与历史、人与宗教的多元关系。《德拉姆》——“茶马古道”唯美的影像和深刻的内涵，在很多的方面给予了回味的空间，在平静的叙述中能打动观众，这里的“切入点”比较多，每一个人都会在其中找到你自己的认同和感悟的东西。

影片中的人物和语言，使我们记住了一切，所以感到沉重和同情，与此相对应的是米兰·昆德拉的“生命中不可承受之轻”的说法，在所有的人物身上，我们分明看到无论沉重抑或理解，同情还是窒闷，敬仰还是由衷地吁一口气，都是为了在天时、地利、人和的交汇点上能够畅然联想、记载、传承和表现历史、时代和人性的丰富表象。

纪录片的选题没有盲目性，对所要表现和拍摄的东西，都经过了相当时间的思想思考和文化沉淀，完全是把他所理解的、感受的、思考的、认识的、体会的、凝练的东西，用视觉的方法和艺术的手段来呈现给观众。所以，我们看到的东西实际上是田壮壮感觉的结果、思考的结果。符合艺术家独立思想的特质，能够在混乱中找到美感的表达，能够在一些不被人关注的众多的社会现象中发现有深刻意义的东西。

从影片中我们可以有一种体会：纪录片是一种形式，纪录片是一种程度，纪录片是一种逻辑，纪录片是一种个人情感，纪录片是一种主观表达，纪录片是一种社会影像档案，是一种在心底的感觉和思想的东西。很多意识的表达、思考的严谨、问题的提出，不在于镜头的结构，不在于叙事的方法，而在于我们从中提炼了什么。影片中很多采访的人物在叙事上特别的平静，正是这种平静反映了人类生命历程的艰难。影片中很多影像特别生动，是因为有严格地选择。关键的是以一种什么样的结构呈现给我们，给我们一种什么样的感受，使我们心里会觉得值得。

今天《德拉姆》——“茶马古道”看来已经成为中国纪录片电影“新经典主义”的一个标志，就是“拒绝崇高”，说到底就是“平静、平和、平民”。彻底拒绝表现离我们遥远的东西，而实实在在地表达社会生活的平静；表达人本质上的平和；表达构成社会主体的平民，这样在根本上拒绝了虚无主义的存在。

《小城之春》是一个中国电影历史中的经典，敢于面对经典和重新拍摄经典，不仅仅是需要勇气，还需要许多别的东西，我认为，壮壮以重拍这部经典作品来重新“出山”，同时也借此来证明自己的态度和导演风格。《小城之春》拍摄得比较规矩，也非常的认真，能够体现对原著和电影最崇高的敬意，它其实是壮壮的导演生涯中一个很重要的作品，他敢于面对大师和作品的难度系数，他的创作精神和诚意，是在向老电影艺术家致敬。

都说电影《小城之春》的创作阵容非常强大，著名作家阿城的改编，著名摄影师李屏宾的摄影，著名美术设计师叶锦添的美术设计，加上著名导演田壮壮，可以说是一个非常重磅的组合。导演李少红说这是“四位大师的合作”，但是，田壮壮在拍摄和合作的过程中，头脑非常的清楚，他们认为合作者是很优秀的，他们的优秀是建立在他们自己努力的基础上，不是以别的什么来作为基础的，“而是我融合到里面去，这种融合过程非常厉害。他们都是高手都是大师，我差多了，如果他们是真金，那我顶多是一镀金的。”

在创作《小城之春》的过程中，壮壮继续保持了费穆在叙事美学和叙述方法上的诗意风格，更着重注意表达和表现在历史环境下的人物命运，展示人与人、人与社会的关系，特别是抒发人物的情感与情绪。用现实的时空关系和色彩关系提高视觉的情绪，镜头注意在不破坏人物性格和表演的情况下，发挥场面调度的作用，用现代的语汇和语言方法来叙述心境和境界。这部影片的出现，无疑驳斥了一些关于“第五代”开始堕落和媚俗的传言，说明电影的创作应该是一个个人崇敬和敬仰的创作过程，创作的态度和电影作品本身的魅力，可以说明一个导演的心路历程。

其实，壮壮的电影都是在进行着自己对社会和生活的述说，这么多年，他的电影创作数量不多，但是，在他的电影中一直保持着那种自己的状态，在创作上保持一种追求的过程。

李 安

李安，1954 年 10 月 23 日出生于台湾屏东，祖籍江西。李安是享誉国际的华人导演。

家中有 4 个兄弟姐妹，10 岁之前的李安在花莲念了两所小学，接受的是美式开放教育，来到台南，又念了两所小学，面对语言习惯不同于国语的台语，他第一次体验到文化冲击。1973 年他义无反顾离开家乡到台北进修电影理论，进了艺专影剧科，从此改变了自己人生的轨迹。1978 年从台湾部队服役后，他做了一个让父亲十分愤怒的决定，赴美留学就读于依利诺斯大学戏剧系导演组，在戏剧系里，接受着西方正规的戏剧教育，由于他的刻苦和在台艺专的经验，只用了两年，李安顺利拿到艺术学士学位。接着他又申请伊利诺斯大学的戏剧研究所和纽约大学电影研究所攻读硕士。1982 年拍摄的《荫凉湖畔》，获纽约大学奖学金，并于第二年参加了台湾电影竞赛，获得金穗奖“最佳短故事片奖”。1984 年完成毕业作品《分界线》，该片获得纽约大学生电影节金奖“最佳作品奖”及“最佳导演奖”。李安留在美国发展，这期间有五六年的时间，他一直从事电影剧本创作工作。《推手》《喜宴》及《饮食男女》令李安跻身国际知名导演的行列，并走上一条不平凡的获奖路。5 年中，先后又拍摄了 3 部美国题材和内容的影片《理智与情感》《冰风暴》和《与魔鬼共骑》。返回来，李安又拍摄了《卧虎藏龙》《绿巨人》《断背山》《色·戒》。《卧虎藏龙》创下了美国有史以来外语片的最高票房记录，并横扫多个国际影展奖项，包括奥斯卡金像奖最佳外语片、金球奖最佳外语片及最佳导演、独立精神奖最佳影片及最佳导演、香港电影金像奖最佳影片等。《断背山》拿下金球奖最佳剧情片、最佳导演及最佳剧本、英国电视电影学院最佳影片大奖及最佳导演奖、美国制片人公会最佳影片等多个奖项，李安更凭《断背山》成为首位夺得奥斯卡最佳导演奖的华人导演。

李安已经是世界华人电影的一面旗帜，也是华人电影人的骄傲，其导演的作品，将华语电影提高到一个非常空前的地步。

除了拍戏，我什么也不会 / 李安

李安是世界华人电影的一面旗帜，也是华人电影人的骄傲。

生于台湾屏东的李安，念了两所小学，则完全是一种开放式的教育，但孩童时代的他所遇到的第一个比较困扰的问题，就是面对语言体系习惯不同于国语的台语，体验到了在同一个地域的不同语言文化的冲击和隔膜。

初中、高中阶段的他同所有的人一样对世界充满了幻想，对电影更是充满了无限遐想，经常去台南市的各个戏院，看遍了一些二轮公演的电影片子，对于读书，反而没有什么兴趣，心里只想着怎么样可以干上电影和当导演。因为各种原因，他参加两次联考均因成绩不好落榜，让家人对他的前景担忧，后来在准备专科考试的过程中，他义无反顾离开家乡到台北进了艺专影剧科学习和进修电影。

李安实际上是一个内心非常反叛的人，1978年服役后，自己做了一个让家人不理解和愤怒的决定，赴美就读于依利诺斯大学学习戏剧，当时他已经有了两部8mm短片的拍摄经历，也正是由于他的这些在台湾艺专早期学习的经验，他很顺利就拿到了艺术学士学位，这些最初的戏剧和电影导演经验，对李安以后的电影创作有非常重要的影响，由于对电影的执著梦想，他后来又到美国著名的纽约大学电影学院继续学习电影制作，在这个过程中，其一些短片的作品，在台湾获得了一些电影奖项。获电影硕士学位后，就准备回台湾发展，但其在学习期间完成的毕业作品《分界线》(Fine

Line)，获得纽约大学生电影节金奖“最佳作品奖”及“最佳导演奖”，这件事给了他非常大的信心，也促使他留在了美国进行电影上的发展。

都说男人“三十而立”，可李安却是在快到“四十不惑”的时候才真正而立，或者说开始看到了自己电影生涯的黎明，在自己卧薪尝胆、在家积累生活、在经历了自己炼狱般的六年后，为了争得台湾剧本征集的高额奖金，李安自己编写了电影剧本《推手》，结果竟然得到了优秀剧本奖的40万元奖金。随后，由“台湾中央电影公司”、美国纽约库德玛西恩公司投资，拍摄了其导演生涯的第一部长片《推手》（当时李安37岁），李安开始成名。之后，又拍摄了和冯光远合作编剧的《喜宴》（该剧本也同时获优秀剧本奖）和《饮食男女》，这三部影片，后来被称之为李安的“父亲电影三部曲”。随后，他开始在好莱坞发展。

五年中，先后又拍摄了三部美国题材和内容的影片《理智与情感》《冰风暴》和《与魔鬼共骑》。返回来，李安又拍摄了《卧虎藏龙》《绿巨人》《断背山》《色·戒》，可以说红遍世界、台湾和香港地区，杀入欧洲、美国市场，将华语电影提高到一个非常空前的地步。

伴随着他在一系列国际电影节上获得了非常大、非常多的奖项，为中国人争得了非常多的荣誉，他的名气越来越大。

在我和李安有限的交往中，我觉得他更像一个大学的教师，永远是一身休闲的打扮，更多的是西装、衬衣，不打领带，休闲的裤子，内向、腼腆、寡言、温和、儒雅，很难把他与从事电影的专业人士联系起来。

但是他看问题非常尖锐和仔细，同时具有这两种风格的人不多，他甚至在无限的想象中具有非常犀利的看法，所以他的电影可以感动我们的心灵。

同时，因为他具有非常中国化的性格、外表和表现电影的方法，使得世界开始从历史的角度和哲学的角度知道了中国文化的深刻含义。

《色·戒》刚刚上映，引起了各种各样的反响，北京电影学院也安排了放映，使得学生在第一时间看到这部作品。当时已经快到圣诞节了，原来根本没有希望邀请到李安来学院进行学术讲座和交流，但在田壮壮导演和我的努力下，联系上他之后，他还是非常爽快地答应了。后来，据我所知，他这次来大陆，推掉了一些见面、采访等琐碎的事情，甚至在某种意义上他的这次来北京，就是专为到学院来进行交流的，让我很感动。当天，他从欧洲乘飞机，经过十多个小时飞行，下午1点多才在首都机场降落，到了酒店几乎没有休息，放下行李，就乘车赶到了北京电影学院。北京的交通，在下午的时候，已经显现出大都市的特点，开始堵车了，比预定的时间还是晚了一些，但是，李安的到来，对学院的老师和同学来说，还是非常激动的，这是注定的事情，也可能是因为学院与他10年前结下的情谊。

10年前（1997年），当时我还是学院主管教学的副院长，请李安来学院，我陪他在学院转了转，也看了不少教学的地方，参观了表演系、摄影系等几个重要的系，看了学生剧场表演的作业，看了学院的学生作业展览，尽管没有时间在办公室坐比较长的时间，但是在参观的过程中，我还是比较系统地给他介绍了北京电影学院的历史、发展和现状，特别是给他介绍了大陆电影学院与美国、前苏联等国家电影专业教育的差异，也分析了我们的特色优势，他还是对电影学院的学科划分和实践教学特色非常感兴趣，当时，北京电影学院给他留下了比较深刻的印象。

这次他再次来学院，更是反反复复地联系和确定时间，所以一直不敢发布确切的消息，直到最终确定下来了以后，才正式在网上发布了信息，在学院张贴了海报，学院为此做了周密的安排。12月底圣诞节的这天下午在学院礼堂的讲座，学生们早早就聚集到了大礼堂，连外面的学生和一些不太相干的人，也蹭进了礼堂。

李安下车以后，一见面我就说："李安导演，欢迎你再次来电影学院，真是谢谢你了！"在保安的前呼后拥下，李安从后门进入到礼堂，先是按照惯例，在学院的海报上签字，然后就是拍照。

我对他说："你上次来北京，来电影学院是1997年的11月，到今天整整是10年。""真的，我都记不起了。"他惊讶地说。这时的学院礼堂，已经是人山人海了，连舞台上也坐满了同学，只在舞台的中央，留了一块非常小的地方，大家非常希望从近距离接触著名的导演，入座以后，也没有什么寒暄，就开始了讲座。

我和田壮壮陪着他在主席台就座，我先是代表学院授予了李安北京电影学院客座教授的聘书,他愉快地接受了聘请。

李安说:“各位同学大家下午好,谢谢大家的热情。今天是圣诞节,祝大家圣诞节快乐。我很高兴能够来到北电,我跟田壮壮导演是很多年的老朋友,我们大家都在为中国电影一起努力,为理想而奋斗。”

当问到在西方和东方拍摄电影的角色转换的时候,他强调拍英语片有比较特别的感受,说到在美国好莱坞拍片,他认为感觉与自己平时拍戏时完全不一样:“在美国拍片其实是比较轻松的。那时候我已拍了三部华语电影,无非是将中国的故事,用美国人的理念和思维表现一下。对我来讲,进入到拍片的世界是很快乐的,不管是中片还是西片。只是拍中片的时候相对来说比较痛苦,因为拍中文片使用的经验是比较私人的、深层次的。将自己的深层次的私密的东西掏出来给人看,有种疼痛的感觉,而拍西片没有这种疼痛。比如《理智与情感》这样的题材,那时候对于我是非常的熟悉了,因为,我之前拍了三部相同主题的片子《喜宴》《推手》《饮食男女》。但是,对于《理智与情感》,我只是拍摄一个不同的版本,将它用英文的方式拍出来而已。我需要努力的只是用在英语思维和电影的表现上。”

问到《色·戒》的剪接问题,李安对《色·戒》的问题是这样看的,没有想干净版和完整版的问题,“不要想成《色·戒》是一个完整版将它剪成了一个干净版,而是应该想成我原来是打算拍一个干净版而将其延长到完整版,这么想就没事了吧”。

在学院的学术交流,与其他的情况一样,完全是问答的方法和常规的交谈,把自己的拍摄经验和人生经验,告诉给学生,帮助学生解决在学习中的问题,特别是介绍自己在学习电影过程中的经验和教训,告诉同学,当今的竞争还是个人素质和能力的竞争。

由于是采用往上递条子的方式进行提问,由我和壮壮来读给大家,然后由李安进行回答,但是,在递上来的条子上,我们感觉更多的是一些闻讯赶来的媒体记者和娱乐记者的提问,比较不着调,更多的是“八卦”和“炒作”的问题,更多地集中在关于电影《色·戒》的各种各样的问题上,我和壮壮看到这样的问题,基本上就给岔开或者干脆改了性质和提问的方向。而学院学生提出的问题,显然大多集中在电影制作中的技术、技巧、方法、风格、手段、观念等方面的问题。

时间过得很快，学术交流和讲座结束了，一群学生马上涌上来照相和签字，李安导演开始还不知深浅，就签了起来，但是，随后的局势开始变得有一些失控，李安被围得东倒西歪，根本就无法应付，我就说："李安导演，你不了解情况，在学院，找你签字的绝对不是学院的学生，不知道是哪里的人，你绝对签不过来，赶紧走吧。"在我的指挥下，在学院保安的护送下，李安冲出了重围。

躲过了签字和照相的风潮以后，反正汽车也出不去校园，我就说："走吧，到我办公室坐一下再走。"索性我们就躲到我三层的办公室小歇。

因为在我办公室，只有田壮壮和学院的一些工作人员，所以下面我们的谈话没有任何的拘束。

喝着我为他沏好的绿茶，李安说："10年前，来学院没有时间好好看一下校园，这次感受比较深，真是变化比较大，我还想起那时，我在小剧场看学生在排演戏剧片段的情景，感觉学院教学真的不错，学生也非常有激情和素质。"

李安说他选择了张爱玲的小说，是因为他好奇于小说中的空白部分。"对我来讲，《色·戒》这个小说最大的意义在于引发了我对电影对人生的好奇和摸索。这个电影的故事和内容，其实大部分是我想象的，小说实际上只有28页，没有写什么东西。我觉得张爱玲花快30年的时间去改写这个东西是很奇怪的，以她的才气可能一个下午就写完了。而不应该花那么多的时间去改写它阐述它。我觉得张爱玲对这个题材有一种很强烈的恐惧。这个东西就有意思，我经过一年多两年的时间才摆脱出来，对于我来讲，非常痛苦，非常挣扎，尤其是从女性的性心理学来描述来反映它，这个对我来讲是非常大的挑战。既选择了原著，更适当加入自己的理解，给了自己创作上非常大的空间。"

从李安的外表看，他非常腼腆、儒雅、温和、谦逊，实际上，我认为，这些都是男人外表的东西，男人其实就是这样的状态，凡是表面上看上去温文尔雅的男人，其实是一个激情澎湃的人，而表面上看上去大大咧咧的男人，其实内心是一个非常细腻的人，我相信他的内心世界肯定是浪漫风流的。

《色·戒》原著故事创作完成于1950年，在出版的时候收入《惘然记》结集出版，这是张爱玲最后一个短篇集。李安拍摄这个电影的初衷，故事在张爱玲的小说里已经全部完成，别人没有办法也并没有去改动，他说他非常感兴趣的是张爱玲在写作后面的心境，一个普通的女孩儿，却被赋予了一项不平凡的任务，而且她是自愿地去刺杀一个敌人。

这个故事从一个女学生色诱汉奸这个视点和角度进行叙事，很刺激、很特别。故事充满了探讨和追寻的气息，刺杀与爱情、温柔与兴奋、生命与体会、冷艳与苍凉、时代与环境、残酷与温暖、慷慨与沉稳。

作为李安，儒雅、温和是一种经历和姿态，其实什么也不能说明，李安最大的特征就是电影在理性与感性之间进行探讨和挣扎，正如他说的："感性是色，理性是戒。"

"这种男女床上的激情戏，没有设计，没有排练，怎么拍呀？有没有什么好的办法？"我小心、试探地问李安导演。李安仍然用他那腼腆的表情看着我，介绍说："我也没有拍摄过这种电影（指激情戏的部分），当时我们拍《色·戒》的时候，在现场就只有四个人，我（指自己）、摄影师、摄影助理、副导演，还有就是两个演员，我们整整拍摄了七天，每天完全是在一种麻木的状态下拍摄，因为尴尬，没有细致地交流，好在两个演员都非常敬业，我们总算是用我们的专业和敬业渡过了难关。每天拍摄完成以后，出了摄影棚，我们什么都不说，赶紧回去休息。经过两周时间的非常特殊、非常痛苦、非常具有破坏力的终极表演和拍摄经历，才得以最终完成。不知道为了什么，最后完成了以后，真的我们都相对无言，我们都没有什么话可以讲了。"

我说："你电影中，还有就是麻将戏拍起来非常具有挑战。原先我们在电影学院上课的时候，给学生讲，说吃饭戏非常难拍，因为有机位高低的问题，有角度的问题，有调度的问题，有连戏的问题，有对白的问题，有光线的问题，非常复杂，而你电影开始的麻将戏其实是非常难拍摄的，更有挑战性。"

李安还披露了《色·戒》的拍摄细节，为了这场戏，所有参加"打麻将"

的女演员，都被安排到香港整整练了一星期的香港麻将的打法，专门从台湾请了一些比较有经验的人(老太太)来教他们老式的上海麻将，连那副道具的麻将，都是从香港地区专门借来的翡翠古董麻将。摄影师是一个外国人，他根本不特别清楚中国的麻将打法和文化意义，在拍摄现场上，也没有办法和可能在深入的意义上讲清楚中国人打麻将的意义，以及对这些参与打麻将的女人的情感和生理意义，特别是一些有钱的阔太太的感受，所以在实际处理上，为了便于交代、理解和表现，也主要是为了演员进行表演，他就将每一个镜头的拍摄和推、拉、摇、移都进行细化分解和标注，甚至为了配合这样的拍摄，让导演部门的人，将所有的麻将按照未来实际拍摄的顺序倒着码好，演员在实际拍摄的过程中，没有抓牌，就早知道自己的下一个牌是什么？谁应该打什么？谁应该吃什么？谁应该和什么？怎么样的抓牌以后说什么样的台词，这样，就演员在拍摄的过程中，就完全准备自己应该表演什么、说什么、什么动作，什么细节，反复多次，摄影师和演员配合默契了，拍摄起来，就都知道应该干什么，实际效果就会更好。

李安认为：电影是一个非常好的表达和表现的载体，我们都需要进行交流，这样我们才能沟通了解，潜意识是可以表达和互相沟通的，所以我们做电影的人都是要经历下地狱的过程，而都不是经历升天堂的过程。开始在电影的叙事上，是准备采用顺序的方式，后来则在实际处理上是做了交替、闪回的圆形结构，表示故事所涵盖的人物、事件、情感、东西是非常复杂的，美国的编剧给了很好的建议，电影中的很多细节的处理，给电影的叙事加了很大悬念和冲击力。

他说：“我曾经在美国六七年没有工作，从电影学院毕业之后，在家烧饭带孩子，再就是写剧本，在家里写剧本对我来讲是一个最有效的学习过程，是自己最重要的一个创作和思考的过程，也是自己一个非常重要的人生经历。我写了六年的剧本，才有机会拍摄第一部自己写的剧本的电影《推手》。”由于在美国受教育和多年生活的原因，我看李安的思想已经受到了深刻的影响，他还是比较单纯，善于思考和观察，善于在自己喜欢的电影中去考虑未来自己的拍摄应该是怎么样的。

由于性格和移民美国、没有工作等各种各样的因素，加上他在美国经常在家做“家庭主妇”的角色，给人的印象是他是一个腼腆的男人。其实，谁要是这样想了，就彻底地错了，他是用自己的恬淡，掩盖了自己的凝重，他是用自己的温和，掩盖了自己的澎湃。他说他自己这段时间，一直在写剧本。写作实际上就是一种宣泄，我们从他的所有的电影中，看到了他对自己家庭的思考，对自己未来的思考，也看到他在诉说自己内心隐藏的感情和心事。

李安在交谈的过程中，对于这次《色·戒》在意大利威尼斯电影节上获奖，他还是从内心里非常感谢张艺谋在任威尼斯影展评委会主席时所做的工作和努力，从他的言谈话语中，能感觉到李安是一个懂得感恩的人。

谈到了电影《断背山》:“美国西部的同性恋牛仔跟我是八杆子也打不着的关系，但我可以把它当做艺术片来拍，美国人看了很感动。因为拍片有一些共性的东西。我觉得拍什么样的片子，你的属性比你的文化更重要。”他认为，男人的感情实际上最为孤独，但是没有人能够体会；男人的感情实际上是最为炽热，但没有人可以理解。男人的感情实际上是最为执著的，男人的感情实际上是最为宽容的，谁对我好、谁能够理解我，我就真心地对谁，男人的朋友多就是这样的原因，男人的感情是情爱、性爱的集中，感情是多元的，是广泛的，是需要理解和沟通的。

我说:“你是不是要女人反思什么，应该从《断背山》里反思为什么男人对男人有如此的情感依恋？作为女人是怎么对待男人的？”他笑了，看着杯子里的茶水，没有回答。

在我们的交谈过程中，李安感触很深地认为，性是一个非常不具象的东西，但是，性是维系家庭的根源，家庭给了性关系一个合法的环境，因为有了性，才有了孩子，才代代相传，才有了家庭的安定，在中国，无论是孩童还是成人，性是一个禁区，父母从来不和孩子讨论，所以有非常多的隔膜、误解和矛盾。

李安的电影受到了双重的影响，电影里很多含蓄的东西和思辨的东西，第一是来自父亲对李安的严格要求，来自自律、感恩、尊重、礼貌等的文化理念，第二是来自于瑞典著名的电影导演英格玛·伯格曼，从小受到严格的教会教育，对世界的认识和严谨的哲学思考。两人的家庭背景也不无相似，伯格曼出生于牧师家庭，李安的父亲是校长，自律甚严，以传统士大夫的标准要求自己。

李安从小就是一个乖乖孩儿，有女人缘，那时候，班上女同学跟他都很好，能够经常交流，女同学有心事都喜欢跟他倾诉，也有不少的女孩儿喜欢他，但他却始终不敢谈恋爱，也没有学会拒绝，因为他从来不会拒绝和不忍心拒绝。

李安成长的环境是很压抑的，但是他的内心是温暖和善良的，他的逆反是掩盖在平和之下的。他的电影表面上是非常感性的形式，其实，他的内涵则是非常理性的想法，他永远是在用电影的形式、电影的人物、电影的语言，来梳理自己的感受和探寻自己的思想。

李安拍《色·戒》许多人不理解，也认为他是在借电影进行生理和心理的发泄，他说他之所以拍摄《色·戒》里的三段床戏，完全是在探索小说中没有交代和描写的空白，探索人性情欲背后的东西。

李安的电影总是在深层次上闪烁着中国传统文化的光芒，也在形式上展示着西方文化的精神。

这次在交谈中，感受到了李安对学习电影的一些具体方法："我觉得，学习电影从编剧做起是一个非常有效的、免费的学习电影的方法，它促使你去看小说和剧本，在心里、在纸上就可以演变电影的结构，知道怎么样去布局，怎么样去安排节奏，怎么样塑造人物，怎么样处理细节，怎么样起承转合，怎么样安排结构，还有段落的划分，还有台词、动作、内心、角色，都可以在纸上进行必要的演练。纸上谈兵是一个很重要的事情，可以进行必要的想象和构思，形成自己的规律。"

当我问到在拍摄现场的处理方法时，李安说他拍摄电影的风格，一般不做特别多的设计，而是在现场靠演员的感受和走戏，熟悉了以后，根据情况进行调整，然后进行拍摄，在感悟懂得的过程中去进行表现。

在我办公室，我问李安，你在拍戏的过程中，遇到过与你意见不同的演员和工作人员吗？"严格意义上说还没有，不知道那是一个什么样的情况"。我追问道："别说别的，如果你遇到了会怎么样？"李安："绝对不行！"

他用拳头表示了一个向下挥舞砸动的动作。其实,他内心还是非常在意维护自己的导演权威,在意他自己的创作想法的实现和实施。

在后面的交谈中,我理解了他的电影中男人如此深厚的情感,为什么没有给了女人而是给了男人?我们不能用“同性恋”的爱情故事来解释,实际上在男人和女人之间,有着深刻的性别障碍,有深刻的情感障碍。男人应该从《断背山》里反思什么?因为男人的基因、生理和心理的问题,我们无法理解男人和男人之间的情感和心理,但是它一定是震撼的、感人的、另类的,所以才会有人去追求,可能这是永远不会说出的道理,但是在我们的交谈中,我捕捉到了。

我对李安说,张艺谋在担任威尼斯影展评委会主席回来后,我们在一起谈起过你的电影《色·戒》,感慨你能同时在东方和西方拍摄中文、英文电影,能在不同的地域演绎有同样内涵的故事,而且,都有比较好的影响和市场,这是我们华人导演应该学习的地方。

看着李安,你可以从他的作品和说话中,感受到中西文化的双重影响,而且,他是可以非常巧妙地将这些内涵和核心的东西及综合影响,表现在电影中,给我们很多思考,特别是从李安的电影中,我可以看到中国传统文化和西方电影技巧的结合,也看到了一个智慧的导演是怎么样演绎自己对文化的理解,有个人的风格表现,有自由观念的追求,有文化与现实的对话,完全是另外一种表现方式。

这次,在我办公室聊天的过程中,我指着放在茶几上的16mm乌克兰的电影放映机说,这是我们上学时放映自己作业的机器,它是我们学习中最为重要的伙伴,在晚上就把它放在床边。

同时,我指着墙上挂着的北京电影学院摄影系“78班”的毕业合影:“你看,这是我们‘78班’的一张经典黑白照片。”并介绍说,“这是张艺谋,这是顾长卫,这是侯咏,这是我。”李安笑了,说:“太年轻了,真的看不出来,你看,张艺谋和你的动作和样子,太有意思了。往事就是这样,当你在以后看到的时候,你会有很多的感受。”李安还看了我办公室的其他来访者的照片,说:“你们学院还是影响比较大的,来了这么多的电影界的人。”

李安其实是一个非常乐观的人,这次他谈到一直觉得拍电影是比较简单的事情，在中国传统文化的熏陶下，他认为拍电影中的“术”（技巧、方法）是小事情和最为轻微的东西，最为重要的是“道”（文化、感觉），传达对天地和人生的信念更重要。

“除了拍戏，我什么也不会！”这是李安的解脱和谦虚之说，他内心深处，其实是对自己已经充满了自信，这就是他的温柔背后的激情澎湃。

这个地方日出日落、风雨变化都让我感动／田壮壮

中国电影“第五代”电影人在20世纪80年代中期创造了中国电影历史的辉煌，取得了众多的荣誉，无论怎样评价，都已经成为一种历史，好在历史是可以回顾的。

回顾中国“第五代”电影的存在和贡献，有两个比较显著的特征：中国电影全面、频频在国际电影节获奖，世界电影人开始注目中国电影，世界各个国家开始关心东方文化的传统和魅力；电影制作过程中，比较重视视觉造型元素在电影创作中的应用，重视环境在电影叙事过程中的表意功能，使得电影的视觉形态和造型形式更加风格化。

但是，由于在早期的“第五代”电影中，比较忽视电影的商业性、娱乐性、故事性而重视电影的艺术性、形式性、风格性，给人们的感觉是电影更像“阳春白雪”，很多人认为“第五代”电影成为一种个人行为和个人风格的展现，是一种文化主义和行为主义。在电影界、学术界、理论界，不同的学术认识和看法涉及电影本体、文化品位、价值尺度、电影观念和思考判断。实际上，“第五代”电影的出现是中国电影史中的一个“电影运动”和“美学观念”或者是“美学思潮”，对中国电影是一场颠覆和挑战，彻底对原有电影的叙事、内容、风格、样式、美学、类型进行重新建构。

中国的“纪录片”电影，对于我们既陌生又熟悉，我们通常将纪录片按学科划分为社会学、人类学、历史学、心理学和自然学等几个大的类型方

面。在结构和形式上划分为:证论型、纪录型、报道型、文献型、纪实型。在影像风格上划分为:自然型、唯美型、技术型、诗意型、信息型、科教型。在某种意义上,中国"文革"时期的我们看到的是各种各样的科教片和《新闻简报》及其他形式的纪录影片,以及当今反映抗美援朝历史的纪录片《较量》这种资料型、论证型的纪录片以及《迁徙的鸟》这样表现自然主题的和我们电视台现在播映的一些有一定影响的纪录片,都有不同的美学追求、社会价值和意义。

随着现代工业、经济产品和物质社会的不断发展,人类渴望精神交流、情感交流的心情越来越迫切,纪录片越来越承担了这样一部分责任,成为国家、民族、人类之间文化、思想交流的重要视觉媒介。纪录片开始在全球范围内被人们所关注和认同,这对于激活我们国内纪录片制作和纪录片市场有极大的促进作用。我们国家纪录片电影数量越来越多和广泛崛起的现象,是主流媒体发展以后的必然结果,其表现出来的作用为主流社会思想认同和价值认可,可能会成为一种大电影市场和故事片电影的补充。

断想 田壮壮的《德拉姆》——"茶马古道"系列纪录片电影的出现,没有宣传、没有预热、没有铺垫,以其平静的视点和关注,直接给人们深刻的影响。有更多的人认为这种结构、形式、风格、表现方法的,而且是由故事片导演拍摄的纪录片出现有其偶然性,实际上,我们认真地分析,是有其更多的必然性。田壮壮在他毕业前后拍摄的电影从《小院》(黑白短片;剧情片;毕业作业形式;在时间上实际是中国电影"第五代"第一部35mm胶片电影作品)《红象》《猎场札撒》到《盗马贼》《蓝风筝》,所有的这些影片在风格上、样式上、影像上及导演的处理上都是比较理性和非常纪实的,具有十分明显的纪实美学特点和风格。后来,他在日本的时候又见到了一些日本电影导演,很多的日本纪录片的东西对他产生很大的影响。

现在纪录片的通行制作过程和制片做法是:进行采访;确定选题;提交拍摄提纲;进行资金筹措;进行必要的深入调查和细化;局部的生活体验;讨论拍摄的主要主题;进行实际拍摄;制作后期的工作。当然,我们今天制作纪录片的过程也有不按照这个程序的，更多的是人们只有一个基本的选题，带一台机器去了就拍，完全不感受、不体验、不深入、不提炼、不讨论、不思考，完全是条件反射式的，然后，根据自己的感觉进行编辑制作。这样的制作过程也不能说没有精品纪录片产生，但是能否隽永，是一个值得我们讨论的问题。

田壮壮的《德拉姆》——“茶马古道”的创作前期花了近四年多的时间。等于先是体验了那里的社会、文化、历史、民族和风土人情，甚至结识和了解一些拍摄对象，对那里的人文和社会有一个比较清晰的认识，在这个过程中，当地的文化、事件和风土人情给予了他一些艺术的触发和启迪。纪录片的选题没有盲目性，对之后所要表现和拍摄的很多东西，都经过了相当时间的思考和文化沉淀。因此，拍摄阶段完全是把他所理解的、感受的、思考的、认识的、体会的、凝炼的东西，用视觉的方法和艺术的手段来呈现给观众。所以我们看到的东西实际上是田壮壮感觉的结果，思考的结果，符合艺术家独立思想的特质，能够在混乱中找到美感的表达，能够在一些不被人关注的众多的社会现象中发现有深刻意义的东西。

这是纪录片制作的一种比较特殊的做法。不像我们今天的一些人，拎着机器到街上或者某一个拍摄地点逛一圈，然后马上就拍，回来就剪接在一起。纪录片制作过程中的采访、体验，这个过程更多的是一些人类、文化、历史的思考，其实，纪录影片的内容和主题对我们也十分重要，关键是你要表现什么？你有多少东西要表现？你怎样去表现这些东西？你想表现到什么样的程度？他们给我们的启示是：重要的是我们制作纪录片的方法和思考的过程。

看这部纪录片，不像我们看商业的剧情片，因为这类影片更像是喝酒，直接就产生效果，让人头晕目眩，找不到北。我们看《德拉姆》——“茶马古道”更像是品一道极品的茶，给我们欣赏、给我们回味、给我们思考、给我们一种精神上的愉悦。这种感受停留得更长久，使我们的思想感觉和视觉感觉更美好。

我们在影片中除了所看到的美丽风光以外，还有就是表现出不同人的生活经历，听那些人在娓娓道来他们的过去，他们谈到自己的经历、自己的感情、发生在自己身上的事件的时候，虽然是经过剪接，给我们展示出一个不是十分完整的片断，但是我们在影像那里品味的东西是多元的，我们会把很多中间已经剪掉的东西，用我们的思想和逻辑连贯起来，使得我们会很想去当地看一看。

好的纪录片一定都是这样的，不仅对当事人产生感染，也会对观众们产生感染，想去亲眼看一下和经历一下。《德拉姆》——“茶马古道”的纪录片就是和观众一起分享了一段最美好的时光。

田壮壮：我自己想，电影基本有两种形式，一是拍给市场的，二是拍给自己的。1994年我做完一些电影后，我就处在了一种特殊的“状态”下，等于我一下子成了“社会闲杂”，不知道下面该干什么，我也产生过茫然。现在我自己看，当时，我也没有什么特别好的电影剧本和选题。所以，就每年远离城市，去下面看看，到山里转转。

是什么让我选择云南？因为我1980年的时候拍我的第一部35mm电影《红象》的时候，外景地在云南，然后就往那边跑，然后在那里遇到了一批走茶马古道的这些人，当时他们是大学的年轻的助教。我觉得现在的大学老师能这样认真地做事情，做调查，实在不易，后来了解得多了，我觉得茶马古道这事情是可以认认真真做的。

其实，早期电影的雏形就是纪录片，世界各个国家对纪录片都给予了极大的关注，因为纪录片对历史和文化的表达可以超越民族和国家。早期默片时期的经典纪录片《北方的纳努克》，实际上就是早期先民文化和生存状态的真实写照。2004年戛纳电影节上《华氏911》的获奖，说明了用纪录片反映社会现实的重要性，反映文化、政治、国家、民族、利益、战争在今天的重要性。说明了“政治是压倒一切”在任何时候都是人类最重要的东西。反过来，我们在觉得戛纳电影节评委会有勇气的同时，我们也在深刻思考我们从电影中学习到了什么？关键是，我们突然发现纪录片居然可以是以各种各样的形态来表现各种各样的主题。我们可以感觉到纪录片可以是散文，表达一种意境和情绪的东西；也可以像论文，提出论点、论据，然后进行论证。我们特别期待再看到这样更多的纪录电影，给我们的国家和人民以更多的深刻回味，也希望在一个银幕上，看到各个民族的生活和社会存在的状态,保留和记录文化的形态。

田壮壮:在我到达云南后,了解到这些云南大学的老师,他们先后多次徒步考察"茶马古道",进行了社会的、历史的、文化的等全方位的考察,有的差点把命搭进去。我听了以后特别感动,同时看到了他们出版的书,对我的触动就更大了。在这以后,我就又返回了云南,甚至我对他们说:"你们的这个东西和感觉,是可以用影像来表达的。"于是,大概从1998年、1999年开始,我差不多每年都要往云南跑,我自己也说不清楚自己跑了多少次、跑了多少地方,也不知道是一种什么样的动力和兴趣在吸引我,反正每次去都觉得不太想再回来,那边真是很有趣、很迷人,有很多的东西对我们有很多说不出来的感觉。大概在2001年的时候,我自己带着DV摄像机去拍了一点东西,然后编了一个小的片子,描写关于马帮、基督教、人文、历史以及关于民俗的一些东西。完全是很粗糙、很不理想的一个东西,但我们就搞了一个比较详细的纪录片策划方案,我真的是想把这件事完成。

从《德拉姆》——"茶马古道"中我们可以有一种体会:纪录片是一种形式,纪录片是一种程度,纪录片是一种逻辑,纪录片是一种个人情感,纪录片是一种主观表达,纪录片是一种社会影像档案,是一种在心底的感觉和思想的东西。很多思考的问题和表达的思想,不在于镜头的结构,不在于叙事的方法,而在于我们从中提炼出了什么。影片中很多采访的人物在叙事上特别的平静,正是这种平静反映了人类生命历程的艰难。影片中很多影像特别生动,是因为有严格的选择。我们所看到的东西有没有代表性不重要、闷不闷不是关键,关键的是你以一种什么样的结构呈现给我们,给我们一种什么样的感受,使我们会觉得值得。我们是否真正认识纪录片的本体和特性,这并不重要,正如我们谁也没有必要从真正的意义上搞清楚什么是电影一样,只要我们能感受到其中的深意就好。

田壮壮:讲"抗美援朝"的纪录片《较量》,还有《迁徙的鸟》,其实纪录片的风格具有多样性和不确定性,主要是影片宣传的点和观众的关注点不是特别对位。这部《德拉姆》——"茶马古道",也没有想到会在完成以后受到这么多媒体的关注,可能是我在影片中表达了我的一种心态和精神。

北京电影学院导演系本身有纪录片专业(方向),我在学校教学,就会关注纪录片的发展,这次拍摄纪录片主要有这样几个想法,当然是希望有更多的朋友看到它,知道我所要表现的东西。我自己很想试一下电影市场是不是有可能容纳纪录片这种片种。纪录片在电影的发展史中,能够起到非常大的作用,我也想试一下。它能承载很多人文的内涵、人类的精神和社会的关怀,可以更直接地表达我们所要追求的东西。

应该承认,有很长一段时间,田壮壮的电影创作停顿了,有其主观和客观两个方面的原因,但是,我们不认为他"歇了"。我们所看见的是,他仍然在坚持做自己喜欢的事情,他近乎于执著,近乎于虔诚,近乎于平静,近乎于智性。他注定不是那种甘于沉寂的导演,他也在拍摄自己所喜欢的题材电影,他的追求是与众不同的。他的电影策划、电影监制闪烁着他智性的光辉,鼓励和推动青年电影人的成长和拍摄出一些有个人品位的小成本电影。在喧嚣的城市生活之中,他自己不止一次地远足云南,反复体验他不曾有的生活,在其中思考一些特别的情感,逃避着那些许多人所沉溺于的城市生活,反衬于玩味琐屑的小布尔乔亚的格调。今天《德拉姆》——"茶马古道"看来已经成为中国纪录片电影"新经典主义"的一个标志,就是"拒绝崇高",说到底就是"平静、平和、平民"。彻底拒绝表现离我们遥远的东西,而实实在在地表达社会生活的平静;表达人本质上的平和;表达构成社会主体的平民,这样,在根本上拒绝了虚无主义的存在。

田壮壮:有很多朋友看了纪录片之后,说感觉不到我十几年前拍片时候的那种锐利和冲动,反而从一些镜头和影像当中感觉得到我现在的心态,我现在什么心态?我也不是特别清楚。我拍摄完了《盗马贼》,当时确实是有一些失望的情绪,也没有那么严重,反正是有一些困惑,好在我还可以自己进行调节,我是一个职业干电影的,下一部准备拍什么?还要不要拍一些有一点个性的东西?在电影中还是否坚持自己的立场、观点?我当时还没有完全想清楚。

其实,男人到了不惑之年以后,会明白许多事情,突然觉得自己又都悟明白了,会知道自己应该去干什么。对于我,我还是得坚持把自己喜欢的、钟爱的事完成、做好,还是应该在电影中坚持自己的东西。我觉得,特别是在今天,如果不值得做的事想也别想,更别做。当时我就比较平和,以后我也基本上保持了我对电影原始初衷的态度,当然,首先随着年龄的增长不那么有锐气了,已经让自己下意识地变得相对圆滑一些,但还是有想法使自己更纯粹些,能更直接地拍摄自己喜欢的东西。

我们认为,《德拉姆》——“茶马古道”,算是一种人类学、社会学纪录片形式的混合体,它可能更多承载的是文化和历史,可能会引起一些喜欢思考的人的注意,纪录片中的人物不是随便拍摄的,是经过导演的反复考虑和斟酌,即使拍摄了,也经过很多很多次的筛选。通过这样一些不同性别、年龄、民族、经历的人和事,更全面、立体地把云南地区、怒江流域的社会发展、人文思想、价值观念、家庭结构、宗教信仰、个人情感等等全面地表现出来。

当然, 全片是通过镜头全方位的自然记录和人物的主观自述来展示的,这样的叙述形式相对来讲是比较合适的。观众是一个倾听和交流的对象,刺激你参与完成叙述,我们的很多观众不会对风光、音乐十分在意,更多的可能会对这么样来叙述自己的故事感兴趣。

我们愿意将《德拉姆》——“茶马古道”看成是田壮壮电影创作的一个智性的平静期,看成是他用“脚步”、“镜头”、“思想”的系统写作的开始,给我们感受到的是更多仪式上、情感上的尽情宣泄。我们在其作品中,理解了作者在考虑人与人、人与自然、人与社会、人与历史、人与宗教的多元关系。《德拉姆》——“茶马古道”中唯美的影像和深刻的内涵,在很多的方面留下了回味的空间,在平静的叙述中能打动观众,这里的“切入点”比较多,每一个人都会在其中找到自己的认同和感悟的东西。

田壮壮:如果说我认为的好电影就是它跟我有共鸣、能打动我的,各种门类的电影都有可能。影片中内容的东西还是有分量的。我觉得我们所选取的这 11 个人的经历、故事都挺有趣的,再一个就是那个地域的特殊风貌,它渗透着原始的神奇的力量,特别是和那里的人能融合在一起。我总是感觉那个地方离神近。我觉得我在影像中所表达的这些东西应该说是我的一种认识和感受, 我想也可以引起人们的一些感慨或者一些感想吧。

人文关怀是目前使用频率比较高的词,也是一个比较虚的意义表达，实际上就是对人类社会的一种关心和瞩目，每一个人的想法和出发点不一样,他所关心的东西也不尽相同。导演注入了他对云南这个特定少数民族聚集区和怒江流域的古典风格和人格状态的认识，揭示了一些宗教对社会的影响,对人文的关怀,对人的行为的规范和制约。

我们在影片的每一幅画面影像和人物的叙述中，看到了当今浮躁喧嚣社会中的平静,看到了民族和文化的力量,预示性信息的传递,独特性语言的告白,我们也体会到了鲜活生命的情怀。

田壮壮:有人说在影片中看到了中国电影的人文关怀,我还不知道这是什么意思,反正所说的人文关怀应该是一个概念。因为,在今天我们没有办法用一个词、一句话来界定一件事情、一种感觉,每一个词、每一句话,我们所有人的理解也不一样。在这其中,有导演自己的一个视角、一种观点,我不能说这个视角和观点对或者不对,这就是所谓仁者见仁、智者见智。反正所表达是一种现象。

关注社会的日常生活,注目人类的各种各样的生存状态,可以造就更多思想联想和精神漫游飞翔。不必讳语,在《德拉姆》——“茶马古道”里,我们难以抵挡和感受来自当代世俗生活风情画卷的展示与诱惑,而且,让我们思考生命的意义。

谁能想到,纪录片可以是这样,可以是像风光片一样的绚丽,我看到的是人类无法制造的自然美，在镜头中我们感到我们周边的世界发生了巨大的变化,使我们认识到了美的存在,认识到了自然美的力量。体会到导演是在用镜头挖掘人物的内心美。

田壮壮:云南的风光是美的,到处是不用结构和组织的画面和构图。但是,到了那边之后你看到他们的生活状态,看到他们的人、他们的地、他们的水、他们的生活环境和他们醒来之后的那种生活那种快乐,你都会觉得简单、朴实,平凡。我们都可以感觉到这是一种现代社会无法创作出来的生活美。这是我这趟去拍这纪录片的最大收获。

也许田壮壮的《德拉姆》——“茶马古道”的唯美写作,始于其作品中折射和散发出来的关注感、命运感和认同感。聚像的存在、清晰的影像、平淡的叙事、升腾的思绪、生命的火花，终于可以在心底点燃我们的热情，一次次唤起我们对远古的敬仰，对他镜头中所揭露出的生命感受，表现出的不可思议地由衷地敬爱。

田壮壮：我这四年说是体验生活，或者是采访，基本上没有走过重复的路。沿着从云南西双版纳采茶区的南边，一直到四川、到西藏。这些地方我一直在走、在看、在了解，经过的地方大概有二十几个，包括这3条江，我都跑过。其实，采访就是一户一户去聊，有回族马帮、白族马帮、纳西族马帮、藏族马帮，各个民族的人。当时，我觉得真的跑了这么长时间，就是说你其实已经把心放在这儿了。就在这个过程中你不必去刻意找一个什么故事，在那个地方，你会觉得每天日出日落，风雨变化都让你挺感动的了。所以，我的任务就是把这些美表现出来，就觉得你真的把自己置身于那里的时候，对景、对人、对事都会产生一种留恋和感情，其实每一个人都特别感动。

纪录片是一种思想感受的发展。在我看来，这是令我们轻易区别真正的简单纪录片和复杂纪录片的根本所在。现在的问题是，许多制作纪录片的人不用思想的语汇进行创作，所以给我们表现的影像已经没有或者不会感叹了。

有很多人说《德拉姆》——“茶马古道”的摄影特别美，很像旅游风光片，其实这只是一个浅层的认识，阅读《德拉姆》——“茶马古道”，客观地说，使我们看见和发现导演非常擅长处理身边的事物和人物，有一种表达人物的经验，他所描写的日常生活，让人耳目一新。把那些分散、孤单、零散、支离破碎但是充满性格魅力的东西，完整地整合在影像形式里。

田壮壮：所有人看了这个片子，都对我说这个地方和画面里的风光拍得特别美，风光对于这部电影的意义或者作用是有的，但是没有那么大。自然风光的表现必须是融合着当地景观的东西，其实，我们在整个的拍摄过程中没有特别地、刻意地寻找最美的风光拍摄，如果是寻找，那应该比这个拍得更灿烂，它只应该是我们画面里面的情绪和情感的一部分，自然地表现不同人物的生存状态。

整个纪录片的外景、内景氛围是按照故事片电影的技术与艺术质量标准去把握的，清晨的薄雾、雨前的光线、色彩的控制、影像的基调、室内的光斑、人物的光比、画面的景别等所有的造型元素都处理得十分恰当。画面的营造则是按照绘画性风格和构图来完成的，导演恰恰能发挥他的优势特长，越来越让我们有一个突出的感觉，事件是可以记录和表现的，人物的生命过程也是可以记录和表现的，在田壮壮的作品中，确确实实隐藏了不少对神秘现象的体味和触摸，孕育了许多对社会和人物的理解和洞察。也许，对于真正的作者而言，重要的不是面对现实，而是呈现存在、表现美感，存在的幻象或者影像，成为人类精神的想象和对美的追求。

纪录片要不要有历史的意识和现代的意识？这是一个大的论题，我认为关键不是作品本身所要解决的问题，而是在于读解电影的人自己去反省和认证的事情。生命、宗教是一个大于我们存在的观念和意识。导演以敏锐的视角、极为浓缩写意的叙事表现手段，营造着一个多民族生生不息的现代历史，烙印着文化多元和无数光辉的往事，从而打磨出人性在沧桑混沌历史深处所埋藏和湮没的生命光亮。

田壮壮：我觉得，我们看电影都会有自己的观点，往往大家都会按照自己的标准来确定所有的审美取向和审美观点。比如，我们认为艺术片比较闷，但是，它可以给我们一些深刻思考；商业片比较闹，但是，可以给我们一些娱乐。什么是主流电影？什么是探索电影？什么又是很另类的电影？什么是市场化的电影？其实它们都属于电影的大范畴，完全在于自己的理解。现代社会发展，永远不可能是某一种类型的电影孤立地、永远地占领市场。意识、观念、思想的老与不老，新与不新，其实是创作者和观赏人的一个态度、一个判断。

我们对文化有一种天然的敏感，是因为有众多的文化灵魂存在于社会，有众多的社会生活在我们的身边，往往是这种有点神秘色彩的民族以及生活对我们有向往和吸引的魅力，《德拉姆》——“茶马古道”甚至给我们提供一种意识和暗示：个人的历史其实正是人类历史意识的一部分，人与社会、人与自然永远处在一个环境的维度，人与人永远处在一个共生的精神坐标系里。

田壮壮：作为我自己来讲，比如我去云南的时候，我觉得这个题材、故事、人物能够感染我，能够让我觉得新鲜、冲动，我肯定会在影片的过程中把这些东西传递出来。有的人会觉得你所表现的东西打动不了我，我觉得这是大家的审美取向或者审美方式不一样，这没办法要求。而且我认为电影里面所谓的新老的问题，实际上不是一个手段，不是一个故事，而是在于你创造者的态度。

我们可以有文化意识、环境意识、宗教意识、民族意识。在今天，一个艺术家的创造力可能并不表现在能够创作多么多的醒世作品，建立一种什么样的个人艺术风格，而应看到他是否具备一种与众不同的创作意识和思想意识。

艺术的目的是给人以生活以外的思考，影像的目的是给我们以一种社会的认同，田壮壮给我们的感觉是创作作品越稀少，思路意识越清晰。考虑到当今电影的生产和制作是一个一切都按照市场原则来行事的时代，田壮壮的创作态度必然要避开甚至拒绝更多的自己主观的东西，要考虑大多数观众的兴趣和观赏口味。在他眼里，纪录片的形态不是理论学意义上的定义，不是个人情感宣泄的唯一渠道，而是要表达和表现一个共同的情感和人类思考的主题，尽可能地满足大众文化的期待和需要。必须看到，电影或者纪录片电影，不管怎样的主题和形式，都必须表现人的情感中最真实的东西。才能成为人的、公众的精神坐标。所以，表现人的情感，体现创作者的意识，既表现一个人的身份、教养和专业的知识水平，也表达他对社会的深刻思考，凸显他生命机体内在的灵魂需要和精神、意识上的渴望。

田壮壮：其实很多事情的形成，都有当时的一种特殊情况孕育。比如说我去云南拍摄纪录片，当时的想法就是觉得电影不是特别过瘾，想拿一个 DV 摄像机去随意地拍东西，找到这样一种感觉。

我们还是喜欢现实的东西，我其实很想拍现实题材的电影。但是，我觉得在表现现实东西的过程中，我希望能够找到后面的那个“质”，找到“质”其实是不容易的，你的一个故事或者一个东西也好，你怎么样能把它超越出今天的现象来进行传递，表达你自己的东西，这个挺难的。比如，现在的一些青年导演，他们真的很有想法，生活中的一些现实主义的东西在他们的影片里,表现得非常有意思,质的东西反映得挺好。可能年龄越来越大,对现实的新鲜度、敏感度会钝,我觉得这也算是我的一个缺欠。我之所以把《德拉姆》——“茶马古道”拿到各大学放映的原因,也是希望和这些学校的年轻学者交换意见。对今天的东西我也希望能够有一种更敏锐的认识,然后能够拍一些现实题材。其实拍现实题材看似简单,其实拍好也是很难的。

于是,我们会不知不觉地在一些意识的驱使下,拍摄自己喜欢的东西,但是这些东西要和现实和观众对位。为纪录片中某些肯定的东西、感悟的东西、表达的东西所打动,这时候纪录片本身的内容、形式和容量都被极大丰富了,它不仅仅是关乎历史、人物、趣味、情绪、感悟的方式,更是原始景物、人物、生命的一泻千里的奔腾。

纪录片中的人物应该如何表现,是一个值得探讨的问题,可以作为独特的形象,也可以作为一种环境补充,也可以作为一个社会的符号。田壮壮所表现的人物,一个个栩栩如生,众多的表情、动作、语言,记录得非常生动和到位,形象独特,意蕴独幽,多是别具慧眼的结构和发现。

他在表现人物的历史、性格、生存、状态,并没有仅仅停留在简单的语言文字介绍层次上,而是回应了观众的某种时代读解心理:“我是谁?”“我从哪里来?”“我到哪里去?”“我经历了什么?”“我要干什么?”所有人物的语汇完成了这些问题的提出,环境的丰富性和光线的唯美性以及充满了蒙太奇思维的镜头排列和特有激情的语言,深入剖析,娓娓道来,让人看了回味无穷,正是这些内在的内容和叙述对我们有巨大的诱惑力。

纪录片电影中的人物,是表现的核心,也是灵魂。人物的塑造,是导演创作中的神来之笔。我们在一系列的场景和镜头中、事件中、动作中、对话中,看到的是一个个丰碑式的人物,纪录片电影中,我们对电影中的故事不感兴趣,对于电影的主题不感兴趣,而对于其中的人物感兴趣,才会给予关注。我们所理解的“人”,是自然的人、社会的人。

田壮壮:我自己当时做这个片子的时候,第一,我自己觉得我不想单独地进入和表现某一个地区;第二,不想仅仅是表现某一个民族的民俗风情和生活现状;第三,我不太想展现某一种猎奇心理和猎奇景观的东西。

比如拍摄一个马帮，我采访了三个人，只有一个人真正地谈到马了，有两个人更多的是讲通俗的生活。你看到的我们所描写的马帮，每个人都是有四五匹马，大家结伴而行，最后那一个是真正意义上的马帮头。我觉得那些规则应该是人类学或者民俗学的人来研究的。他的采访还提到，他见证了人民解放军进藏的那件事儿，我觉得这是特别有意思的，当然他也谈了他从西藏回来冬天怎么赶马，这是马帮生活中的另外一种风貌的东西。

影片中决定人物动作的重要因素是环境，是事件和规定要求。作为导演，对于人物动作的简单表现和复杂表现，在影片的叙事风格上会产生不同结果。那么，核心的问题就是导演采用什么样的镜头技巧来反映和表现这些人物的动作。这时叙事中的人物动作成为了内容，镜头处理表现技巧成为了形式。

纪录片中人物的表现方式，实际上导演可以控制，也可以不控制，完全在于纪录片风格的表现与场景的要求。

人物形体表现，特别是场景中人物的形体方式处理，大多数是经过导演和演员精心设计的。因为，人物的形体处理的方式和状态，不光是为了叙事，为了场景，更多地是为了人物形象的塑造，甚至是为推动影片的叙事发展与主题表达。

田壮壮：影片中的各种各样的人物，都有不同表现。现实生活中的丁大妈，盖了旅馆，生活比较稳定。小卖部的孩子，带着羞涩地伏卧在窗台上。每一个人物在表现其生活特点上有不同的一面。还有104岁的老太太，她对整个身世和经历的描述，是零零碎碎、东拉西扯、心不在焉的，给人一个大概的感觉。还有老传教士阿底，他的信仰、他的坚持、他的平和、他的内心世界、他的很深的人情味，都是这个地域文化和历史的融合，都是特定人物的代表。

我所看到的纪录片光线处理一般都比较简单，现代数字技术设备使之对弱光的还原和表现达到了十分精确的地步，全片的光线结构首先就充满了意想不到的故事片化、写意化和完美色彩感，在每一个镜头组成上，基本没有太明显的理性人为痕迹，但又不是完全随心所欲地用人工光臆造。摄影师善于和惯于使用环境中的现场光。

所有人物光线，完全是“自然”风格的处理，没有用人工光进行照明，在现场光的选择上、利用上做足了文章。有的时候，为了达到人物形象的塑造，赋予影片中某一个人物以一种特定的光线形式，将人物处理在拍摄空间的中间地方，辅之以局部的反光，使得被采访的人物光线效果非常生动。

《德拉姆》——“茶马古道”中的人物外形表现基本上是坐姿拍摄（采访）完成，很安静，对人物内心是一种平静的叙事，反映了导演的智慧和独特的处理，在电影中的视觉外形形象极为鲜明。影片中的人物形体符合影片的叙事和整体设计，还有鲜明的特征，与之对应的是马帮贩运过程中的艰辛和动荡。

田壮壮：我觉得，其实我们在看到每个人的时候，会觉得每个人都会有不平凡的故事。你和他们聊聊，采访完了以后，你觉得这个故事可以放在任何一个地方用，或者说他这个故事太具体了，而且可以使我们产生许多的联想。有的人物的故事是挺有意思的，但是我们觉得不特别具备一个当地人文的典型性，也就舍掉了，遇到很多相同类型的时候我们只能选择一个，这就是对人物的选择和表现。

影片中的人物和语言，使我们记住了他们，所以感到沉重和同情，与此相对应的是米兰·昆德拉的“生命中不能承受之轻”的说法，在所有的人物身上，我们分明看到无论沉重抑或理解，同情还是窒闷，敬仰还是由衷地吁一口气，都是为了在天时、地利、人和的交汇点上能够畅然联想，记载、传承和表现历史、时代和人性的丰富表象。

田壮壮：传教士阿底，一个比较有意思的人物，其实当时还有一个他的徒弟，就是后来那个传教士，在采访的过程当中，我们发现两个人讲的东西中间，发生了一档事儿，一个他们的教友死了，可以穿插一个故事，由于篇幅上的问题，只能选择阿底这个人物，想反映基督教民他们之间的情感的东西。我觉得很有意思，在一个人唱歌的时候，围着火墙的时候像原始的本教的意义，他唱的是那种多声部的合唱，这些东西可能都能传递一些信息，我觉得还是要拍，可能还有很多很多新的东西，有趣的东西出现。

说起来，这种人物的命运和表现形态的电影，到底观众怎么能够接受和在多大程度上认同？我想《德拉姆》会给我一个经验，我也从这次媒体的反映、观众的反映中去思考。你再拍这种纪录片的时候，又不失你去想追寻的东西，又能够获得更多的观众来观赏，怎么样来解决这个问题，这次是我很好的一次尝试。

在纪录片中，在拍片的过程中表现宗教活动和宗教人物，反映和表达宗教的现状，帮助我们逐步认识、理解这些宗教的含义，了解宗教活动和宗教信仰对少数民族地区的社会、家庭、文化的影响有一定的促进作用。

任何东西的存在都有其必然性，宗教作为一种历史、文化，尤其在这些地区，对社会的政治、经济、文化的发展都有一定的影响作用。基督教、喇嘛教、佛教和一些原始的宗教，首先是一种文化现象，使人们的心里产生一种敬畏的思想，对人的精神进行教化。有一种你自己去相信的东西，这样在现实当中遇到困难的时候，精神上有一种归宿感，内心世界就会比较坚强。所以，用纪录片的方式表现和反映宗教及宗教文化，是我们值得研究和重视的一个重要课题。

电影的本质是感悟和表现，审美是在这个过程中完成，应该是创造观众愉悦自己精神生活的同时，让他们感悟生活某种形式和意义。从这一点上看，我们绝对不能忽视纪录片中的情感诉求，绝对不能偏离人性的审美需要。表达人、表现人最终都应当归结为创造人物、展现人性精神而存在。

要表现创作者的情感和对世界的观察和总结，重要的是要表现片中人物的情感和生命的历程，这样才能产生对观众的心灵震撼。否则，就会缺乏交流、产生漠视。

用纪录片的影像来表达自己感触最深的东西，一定会带有个人的世界观和自己的情感在里面。我们在看了这部《德拉姆》——“茶马古道”之后，你会体会其中的人物在与你交流。其实，纪录片应该是既有理性思考，又有感性思考，究竟哪一个为主，这不并重要，关键是要与事件、人物产生情感的交流。

我们认为纪录片的创作不应该是冷静的、旁观的，应该是从心底出发去进行创作，你想表达的东西是不是你自己都相信，你能不能用自己认识的东西感动别人，这个是最重要的。

梁　天

梁天,1959 年 4 月 10 日生,祖籍江苏南通,爱好聊天、喝酒、交朋友。他 1977 年入伍,后到军区坦克六师、守备三师文艺宣传队,北京军区文艺宣传队,1981 年先后在中国作家协会外联部及中国新闻社电影部协助工作,后在北京市服装八厂工作,从 1989 年至 1992 年在北京电影学院青年电影制片厂工作,1994 年 3 月,与葛优、谢园组建北京好来西影视策划公司。

参加演出电影作品有《顽主》《龙年警官》《本命年》《烈火金刚》《老店》《西行囚车》《男妇女主任》《过年》《斗鸡》《喜剧明星》《天生胆小》(荣获大众电影百花奖最佳男女配角奖、第五届上海大学生电影节"最佳故事片奖"、"最佳男主角奖")《二子开店》;电视剧作品有《海马歌舞厅》《我爱我家》《经过上海》《临时家庭》;任导演的电视剧有《低头不见抬头见》《美好生活》《不谈爱情》《懒得结婚》《太阳出世》《心想事成》《电影厂招待所的故事》《北京是我家》。

梁天入道时是一个麻秆儿体型,后对"饮食文化"感兴趣,如今已经吃成了将军肚形象,性格活泼,长相特殊,眼睛非常有魅力、喜兴,烦心的事永远不挂在脸上,做人原则是朋友最重要,事业第二,家庭第三,有了朋友才有事业,有了事业才有家庭。永远不温不火,永远低调人生。

演“小人物”的“大演员”/梁天

由于准备出一本自己的随笔文集，在整理文稿的时候，翻阅了一下，发现这些年已经写了不少的人：蔡楚生、章泯、季羡林、谢飞、郑洞天、陈凯歌、张艺谋、田壮壮、高仓健、苏菲·玛索，其中有的是学术大师、电影前辈、泰斗人物、布衣学者；有的是学术精英、专家教授、著名导演；有的是世界影星、著名演员，但是，我还是要提笔专门写一个人，曾经在北京电影学院青年厂工作的同事、我的挚友——梁天。

梁天出生在一个非常好的家庭中，但是由于社会和时代的原因，他的成长是比较坎坷的，他早期是在个人奋斗和挣扎中成长起来的。他自己说：“在工厂的八年，我从搬运工干起，然后是工会文体干事、宣传科副科长、办公室副科长、办公室副主任，也曾想调到国家机关或者学着家里人的样子写点什么，可是始终未能如愿，直到被中央电视台赖淑君导演发现长相特别之后，才成了个业余演员。”

出于历史的原因，梁天的童年可以说是在自由、惊吓、磨难、挫折、困苦中度过的，加上那个年月营养跟不上，少年梁天是一个柔弱、消瘦、单薄的形象：瘦长的瓜子脸，五官端正，眉毛小巧，眯眯笑眼儿，永远喜兴。后来，随着年龄的增长、生活的历练以及对人生的顿悟，梁天富态了，脸圆了，更加喜兴与平和了。他越来越想得开了，该吃吃，该喝喝，该睡睡，加上经常演喜剧，人在性格上也发生了根本性变化，抱定“吃亏是福”的人生观，梁天也就越来越发福了。

梁天与其他演员不一样，他是属于那种越胖越能让人认出来的人，他的福相、他在影视剧中的上乘表演越发托了他一把，更衬出他的个人风格和形象魅力。

受到出身世家熏陶的梁天，从小就接受到文学的耳濡目染，有着与生俱来的敏感与天赋。我曾想过，可能是看到过父亲和母亲从事文学工作的辛苦和艰难，而他本人生性好动，喜欢热闹，所以他不愿意也耐不住这份文学本身的寂寞，最终没有走上文学的道路。但是，在写随笔、札记和修改剧本的过程中，却又显现出他的文学功底，我们会在一些剧本、歌词和其他流畅的文字中，看出梁天的文笔非常好。他不想直接表现自己的文学功底，也不想用文学来养活自己，但是他会用从父母血脉里继承过来的文学气韵丰富自己的修养，他的这些与生俱来的天赋，奠定了他的电影和电视剧创作的基础，也带给了他无比的充实和快乐。

从外表上看，梁天属于有特点的人，形象还算比较周正，正如老话说的，没有所谓的大角色和小人物。青年的时候，梁天瘦得有喜剧因素，眼睛小一点，但是个笑眼，嘴长得小而薄，但非常可爱，见到他你就忍不住要笑，甚至要多看几眼。在某种意义上，梁天的长相并不夸张，也不属于丑，但是绝对具有了大众和特色这两个因素。在这些数得上的喜剧演员中，梁天是顺眼的，是有人缘的，特别是有女人缘的。

“小人物”是一个19世纪用得比较多的词汇。电影《二子开店》是梁天早期的电影作品，利用本色的表演和自身的条件，他成功地把社会青年“麻秆儿”塑造成了鲜活的社会小人物。

梁天对喜剧的理解是独特的。他常说：“生活中悲剧到了一定程度，就会产生喜剧。好的喜剧就是悲到极限才出喜，喜剧比悲剧还要深刻。艺术最高的境界是无技巧的喜剧和悲剧。”

也许从经历上、感受上、专业上的不同，我一时还无法理解这样说法的深刻意义，但是，我相信他说的生活中的情况是这样的——把最悲惨的东西撕裂开来给观众们看，是容易做到的，但是把生命中最深刻的东西，用喜剧的形式表现出来是最最难的。

梁天一开始就是演电影，早期的电影《顽主》《二子开店》，后来的《斗鸡》《喜剧明星》再到电视剧《我爱我家》，都是悲喜剧式的人物，后来，心智和阅历的成熟使他逐渐成为了今天偏重喜剧因素的电视剧导演。

梁天在《我爱我家》中的表演是他成熟的标志。贾志新虽然是个小角色、小人物，偶尔出场，但是，他在角色语言上的生动把握可以说是炉火纯青，"三下五除二"甩出包袱，把人逗乐的同时，也把角色与社会、家庭、阅历等背景串在了一起，非常传神。

梁天在20集电视剧《阳光职业介绍所》里扮演心理指导老师的角色，他特别注意外在形体和内心的统一，注意对人物行为的细节化处理，使人物同时具有喜剧因素，有了职业的依据和行为的依据。他的表演得到了全组工作人员的认可和观众的肯定，这是他塑造比较成功的电视剧角色之一。

在梁天演过的影视剧中，出于叙事和人物的需要，他扮演的角色都是喜剧人物或者是"落后"人物，说俏皮话儿、仗义、诙谐，永远把严肃的事情用"游戏"的方式表现出来。看他演戏，观众会觉得与自己距离很近，不知不觉地在轻松诙谐的气氛中，心中被压抑的情绪得到了宣泄，感觉很过瘾。

梁天的表现与表演，比较注意台词的功底和情绪的转换，同时他在塑造人物的过程中，总是注意形体与动作的配合，使得表演、台词、语调、形体、动作形成一个有机的整体。梁天的表演没有程式化，他总是最大限度地贴近生活和人物，始终注意不嘲笑别人，但是嘲笑自己。他说出的话，永远自己接住，他既是嘲弄者，又是被嘲弄者；既是捉弄者，又是被捉弄者；既是设计的发明者，又是设计的受害者。不管运用何种方式进行表演，梁天时刻在表演中注意努力表现人物自己的真实情感。

梁天在电影中饰演的人物，虽然都是小人物，但都很有味道。这是他在部队文艺宣传队和工厂从事文艺工作经历总结出来的，也是他自己细心学习、敏锐观察与感悟的结果。他能把这些小人物演得真实可信、栩栩如生，其魅力完全在于他自己的创造。在很大程度上，他在喜剧电影中的表演，是因为有了各种各样生活的细节处理，才获得了观众对剧中人物的无限信任。与其说是剧本、导演成就了电影，不如说是他作为演员的细心创作成就了他所扮演的角色。

梁天的确具有这种表演上的天赋,这使他饰演的一些“小人物”成为一类喜剧电影最为吸引人的因素。因为种种局限,梁天没有演过什么大角色,但是“小人物”也会造就大演员。正因如此,观众们记住了梁天。很多时候,是因为有了梁天,影视剧才更加增添了特别的魅力。

如果说,随着时间的推移,其他演员都在寻求“角色”的改变和转换,希望演一些反差大的人物角色吸引眼球,但梁天却始终保持自己“小人物”、“喜剧化”的表演风格。他现在的表演越来越自然和圆润,越来越讲究,看得出他的认真和细腻。他是一个要求自己在每件事情上做好、做透、做细、做实、做深的人,“到位”是他对自己的起评标准。

2007年9月,美国好莱坞在加拿大拍摄一部电影,有李连杰和一些美国的其他重要演员出演,梁天也被选中在其中扮演一个角色,虽然往返仅仅几天的时间,他从大洋彼岸拍摄完成回来以后,一直在说中国和美国的电影拍摄差异,他的感受是好莱坞拍摄电影对演员是极大的尊重,让你心里舒坦,让你不得不玩命地工作,制片部门不但精心安排演员的吃、住、行,而且为演员的拍摄创造良好的条件,让演员感觉到充分的自信和尊重,从而使你全身心地投入工作。

其实,让梁天沿着演戏的道路一直走下去、演下去,今天也一定是一个“大腕级”男演员,因为梁天是一个天生演戏的材料。他有人缘,有戏缘,他把小人物演绎得十分逼真和到位,看着他一再用小人物的形体和语言浓缩人间的欢乐,观众从心底认为他就是活生生的人物,甚至有一种单恋的感觉。就演技而言,表演中的“模仿和扮演”是最基本的技能,“惟妙惟肖”则是表演和表现的最高境界,梁天的这种表演和表现形式最接近以假乱真的程度,甚至是以一种深刻的方式在揭示生活的秘密。所以,梁天的作品出来以后,深得观众的关注,特别是深得女性观众的喜欢,我有时候开玩笑说:“梁天是属于那种深受中年以上妇女喜欢的男演员。”当观众在电影和电视剧中看到梁天的时候,你可以认为他就是故事中的人物,无论他以什么样的面貌出现,只要开口说话,他就会引起更多的欢乐。

梁天的信仰是“吃亏是福”,梁天拍戏不是特别在意片酬,他在意导演是谁，在意剧本的内容，在意人物的关系和命运，在意能不能有细节的发挥和处理，尤其是在意表演上有没有创作的余地。

梁天的导演创作是在他的努力和勤奋下开始的，而且越来越好，有一种特殊的风格，形成了自己独有的魅力。

梁天曾导演百集情景喜剧《售楼处的故事》，他善于利用人物性格的差异和环境的特点，表达了今天社会经济发展之后各种各样人物的状态，特别是在有关住房问题上的喜怒哀乐。他在导演的过程中注意语言的控制和镜头的调度，也关注时尚元素的体现，导演风格日臻成熟。

梁天拍摄的电视剧《美好生活》突出了平民、朴实的喜剧味道，剧中的故事、人物、情节很注意人情味和真实性，不温不火、不闹不俗。在细节、煽情方面下了不少功夫，同时又突出喜剧效果，让你同剧中的人物一起喜悲，为他们的命运担心，为他们的处境着急。

在导演电视剧《电影厂的招待所》的过程中，梁天着力刻画了一群默默无闻却执著可爱的电影人群像，小主题，但仔细想来却并不轻松。他在着力表现着轻松幽默的氛围，但却蕴藏深意。这些人在特别困难的情况下，仍然为自己的理想而奋斗，他们奉献的情怀和豁达的性格令人感动。导演处理中的娴熟和热情、朴实和善意构成了本剧最大的亮点。

梁天的文才，我是在他导演的电视剧主题歌词中发现的，歌词中倾注了他对电视剧和人物的感情，也倾注了他自身对生活的领悟，经臧天朔唱出来，也让人心头一动，催人泪下。梁天在一首《心在等候》的歌词中这样写道："我曾想解释以后就不回头，我曾想温柔以后再回首，可是爱你以后，我心没有自由，可是伴你左右，我心还在等候。"字里行间，是他对生活的思考和情感的自然流露。我们可以从中感受到他的真性情，还能隐约看见他内心深处那一点深藏不露的"闪念"。

我们现在看见的梁天，无疑就是一个胖乎乎的可爱福星。在今天，他仍然眷恋老式的院落，居住在20世纪70年代建造的《人民日报》机关宿舍。干净的房间，舒适的感觉，虽然房间的东西不少，但是放置非常有序，看得出他是一个自理能力很强、讲求整洁干净的老好男人。

演员、导演、制片人、社会活动家——朋友们把这样几个称呼集中在梁天一个人身上,是一件不可思议的事情。严格地讲,除了开公司、做餐饮,电影电视圈儿里的事,梁天都干过,而且他还干得不错。梁天从剧务、道具、演员、编剧、策划、监制、导演、制片人一点一滴积累着,不懈努力是他的法宝。

也有人说,梁天命好,胆大。其实,梁天是做事认真。毛泽东说过,“世上无难事,只怕有心人”,“共产党就最讲认真”。他参演过的电影、电视剧的数量,恐怕至今没办法详细统计清楚,他为人忠厚、人缘广泛、表演功底扎实有口皆碑。他就是这样一只勤劳的小蜜蜂,从不以名家炫耀自居,常年是一身休闲的打扮,这些年,手里总是拿着一个手包,看不出任何“明星”的感觉,却常常被误以为是邻家的大哥、企业的老板。作为一个电影人,梁天异于他人的地方,不仅仅是热情、谦虚、淡泊名利、不慕虚荣,还因为他受到过良好的家庭教育。

梁天在实际生活中给人的印象是:孝顺父母,对人慈悲,世俗不失儒雅,老练却不油滑,精明不失诚意,真诚绝不虚伪。

梁天很早就步入了社会,是在社会这所大学里学习和成长的。都说情商对一个人非常重要, 梁天就是一个情商比较高的人, 都说态度决定命运,梁天就是一个态度特别端正的人,所以他的朋友特别多,和他接触过的人,都愿意真诚地帮助他,所以在关键时刻他总有贵人相助。

生活中的梁天极为低调,说话、办事让人舒服,为人非常随和、谦虚和谨慎。不了解他的人,认为他是在表演,略微了解他的人,也许会认为他有点儿谦卑,熟悉他的人知道这是梁天做人和处世的独到法宝。梁天说话非常跟劲、亲切、朴实、自然、率真、坦诚。别人说而无意的事情,他会听出弦外之音,然后劝慰或者解围,总而言之他是有本事和所有人都融洽相处、和谐共赢的人。我想,这是因为他始终怀着一颗纯真而感恩的心来对待事物和朋友。他是个内心世界非常丰富和善良的人。

梁天处理事情的方法是:不做对不起别人的事,以不变应万变,以柔克刚,宁弯不折。我常见到的情况是,许多人有事愿意去找他,让他帮助参谋,特别是一些年轻人,从心里敬重他,愿意听他各方面的指教。他对任何人的帮助也是发自内心的关怀,现在这样的人真是不多,俗话说“人心换人心”，所以他对别人的关照和帮助，也常常换来回报。

年轻时候的梁天由于有过当兵的经历，所以他知道了什么是苦，也明白怎样把自己快速融入到集体中去。

梁天认为好演员的标准就是演戏不装，观众能接受。好演员的标准在于深入人心，要让观众既记住演员的形象，又记住演员创造的角色。

在今天经济全球化和网络化的环境下，梁天仍然坚持认为网络不会改变他的生活，他始终信奉，人要靠以心换心打拼天下。

梁天到今天仍然认为，发福的体型不会影响他演戏的戏路，认为身体是上天给的，什么长相、什么体重，听天由命吧！快乐才是重要的。

我知道的梁天，像梁左一样喜欢用笔写字，这在今天电脑普及的年代真是不可多得的人，我看到他至今还留着的许多日记、札记、笔记、书摘，那真是一笔宝贵的财富！在他内心深处还在顽强保存着一份对于中国传统文化的眷恋——书写的记忆。

梁天喜欢足球，对足球的关心甚至超过了其他嗜好，什么英超、德甲、足总、甲A，如数家珍，也参与一些猜球的事，他说：“小赌，是我参与足球的一个重要的热情行动。”但是，梁天的战绩永远是输的时候多，赢的时候少。话又说回来，赌场失意，就会有别的地方得意。

我的大学同学谢园，把梁天、葛优视为死党，看得最透彻、最清楚，还经常学他们俩说话和表情，他在一篇文章里是如此“描绘”梁天的：“他为理想而清高，为生存而不耻下问，为朋友鸣锣开道，留给自己的，往往是奔忙中的混沌，偷闲时的焦灼。真真应了梁天是个俗子，更应了他有时可以战胜英雄的聪明……”

梁天常说：“生命中，家庭、朋友、事业三位一体都是重要的，朋友最重要，事业第二，家庭第三，有了朋友才有事业，有了事业才有家庭，缺一不可。”

现代社会已经如此发达，但是，梁天不会打字、不学上网、不发邮件，如果有需要都是由别人代劳，他不认为不会这些就是落后了，也没有耽误什么，更没有影响他的生活，反而自得其乐，在生活中始终保持顺其自然的状态。

梁天是一个心性随和的人，除了工作、应酬之外，就是闷在公司和家里看书，还有就是和朋友海阔天空聊天，他认为和朋友聊天可以学到许多东西，甚至可以学到很多社会的经验和知识。早年间，有些人把梁天、谢园、葛优归为丑星，可他仍然乐观面对，不生气、不恼怒，反而认为这是观众和媒体的爱称。他经常提醒自己，感情要融于大众，要学会善良，学会负责，学会忍让，学会吃亏，学会谦虚，学会融洽，不要给自己徒添烦恼。在这个浮躁的社会，要特别学会控制自己，他总希望大家和和气气，有话好好说。人活一生，重要的就是学会自我调节，经常能保持快乐的心态。

梁天从来不认为男演员分为英俊型和难看型，所有的演员都是有特点的，他就认为自己是一个有特点的演员，演员有特点比什么都重要。他还觉得，一个喜剧电影或者电视剧，好不好看，剧本故事的内容、导演的整体把握、演员的组合及表演，三者缺一不可，这些都是决定片子成败的关键。

从梁天的身上，我可以感觉到在今天这样一个时代，一个人的知识、素质、能力、水平、成就，不是一个学历的问题可以说明和解决的，甚至，学历在这些问题面前显得很苍白。学历在今天只能证明你完成了学习的规定，拿到了这个“文凭”，其他什么也证明不了。在今天，几乎所有的人都有了学历，都有了，就不值钱了，就什么都说明不了了，学历在今天解决不了一个人的精神、地位、责任、状态、收入，人到最后，拼的是实力、能力，所以命运不在于学历，在于自己对任何事情的态度和做法。在今天，最需要自持、自省的事情，是知道我们能干什么？我们怎么干？我们用什么样的态度去看待事物？我们用什么样的做法去待人接物？无形当中，我感觉，梁天给我们做了一个榜样。

梁天的聪明来自于几个方面：天生的遗传和家庭的熏陶；自己后天的刻苦学习和勤奋；对艺术的认真、执著和虔诚；注意不断实践和总结；善于不断地进取和探索新的领域。总之，他是属于无师自通、刻苦自学的人。

我和梁天合作的第一部电影是在1993年，由青年电影制片厂、北京好莱西影视策划公司出品的《天生胆小》，导演是彦小追，我是摄影师，葛优、梁天、谢园主演。他们演绎的人物鲜活、生动，特别是梁天的演出，极为到位和出彩，为此该片1994年荣获上海大学生电影节“最佳影片奖”，同时，梁天荣获“最佳男主角奖”。值得称赞的是该片在1994年屡获殊荣——男演员谢园荣获第18届《大众电影》“百花奖”最佳男配角奖，女演员李媛媛（不幸已经英年早逝）荣获第18届《大众电影》“百花奖”最佳女配角。后来，我们先后又合作了如下作品：1994年《不谈爱情》电视剧，梁天任演员，我任导演、摄影师；1995年《经过上海》，梁天任主演，我任摄影师；2005年重拍《不谈爱情》，梁天任导演、演员，我任出品人、监制；2007年《北京是我家》，梁天任导演、演员，我任出品人、策划、监制。

都说只有在一起共事才可以真正了解一个人。回忆起我作为摄影师拍摄《天生胆小》时与梁天合作的情形，我深有同感。因为是拍摄电影，梁天与葛优、谢园合作演戏，他总显得格外细致，总是提早地准备剧本、琢磨剧本的台词。到了拍摄的现场，及时与彦小追导演进行沟通，看得出来，他是一个细心的人，是一个有思想的人。他的整个拍摄过程，就是在全面学习和了解电影的生产过程，正是他的这种认真做事的态度和方法，使我们后来有了继续的合作。我尤其记得梁天导演《不谈爱情》时的工作状态，他经常根据前一天的拍摄，对剧本进行必要的调整。作为导演，他心里非常清楚应该干什么，他对所要拍摄的场景、道具、环境，甚至群众演员的要求都精益求精，并且，及时和我商量在调度和摄影上的处理方案，他不会轻易因为别人的说法改变自己的想法，很善于在戏剧上、叙事上、细节上进行挖掘，主要做法是在叙事的发展中将角色的真实感受和喜剧的因素加进去。

想起梁天的兄长梁左去世的时候，事情的发生是那样地突然。我们想象不出梁天当时是怎样挺过来的？他是怎样接受这个残酷的现实的？他是怎样把这个事实告诉他年迈的母亲的？因为我知道，他的父亲范荣康（曾任《人民日报》副总编辑）在此前不到一个月的时间也刚刚病逝。所以梁左的突然离开，对这个家庭是个致命打击。家中的两个男人先后离开，对梁天的母亲意味着什么？对梁天在精神上意味着什么？梁天后来在祭奠梁左的文章中曾提到过：“两个人去世的时间相隔不到一个月，家里原来的三个男人只剩我一个了。我被推到第一排，没有了任何退路。”我猜想，那是一种非常悲悯和天降大任于斯的感觉吧。

在一个月内，家中的两位亲人突然离开，这对任何一个成年人在精神和肉体上都是严峻的考验。那段时间，我们不敢对梁天说什么，也不敢劝梁天什么，我们心里明白，这个时候说什么都是苍白无力的。我看到的梁天，脸上表现出来的是异常的平静，在这平静的后面他所经受的是什么？那段日子他是怎样熬过来的？梁天说："那段日子是难熬的，也是难忘的。我尽量用平静的表情，面对所有的眼神和询问，有条不紊地处理好所有的细节和事务，而在内心深处的一个声音一直支撑我到现在：必须挺住！"据我知道，梁天别无选择地站了出来，强迫自己坚强起来，担当了这个家庭主心骨的位置。他非常妥善地安顿好了所有的后事，这时候，我们才真正感受到梁天作为男人"忠厚孝顺、多情重义"的秉性！

记得梁天跟我说过他的过去，在他的回忆中，他和他哥哥梁左"从来没有吵过架，长大了也没红过脸，见面或通电话都是直呼其名"。

看过梁天写的一篇怀念梁左的文章《梁左还在》，就是在用最朴实的语言描写他的兄长，细致地描写他的住处、性格、为人、工作和成就，描写梁左与自己半兄半父的关系和对梁左的感情。只有经历过手足亲情和痛失兄长的人，才会写得如此细腻。只有经历了大悲伤的人，才会写得如此感人至深："在清理梁左遗物时，我被感动了，他真的是除了自己的笔记、作品和购买的书籍之外一无所有了……从他朋友们那里知道了很多更加值得我敬佩的事。我会永远记住的。因为很长时间没去过他的住处，眼前的一切令我惊呆：房间里潮气很重，墙面上有很大一片渗水的痕迹，许多地方急需维修，家具和衣物也都过了时，除了他那间书房兼卧室还保有浓重的文人气息之外，其他地方用'脏乱差'来形容绝不为过。一个被人们称之为喜剧大家的人，其个人生活竟然是如此的一塌糊涂！我惊异于他那些曾给人们带来快乐的作品竟是在这样的环境中写成的。我好像一下子明白了什么叫'悲到了极限才出喜'——那就是梁左！他所留下的一切正是他一生为人做事的写照。"在梁左逝去以后，在通过对昔日兄长的缅怀中，梁天最终领会了"长兄为父"这句话的深刻涵义。

都说兄弟情谊是最深的，作为编剧的梁左，最清楚作为演员的梁天的优势和劣势。他写的作品中，梁天扮演的角色一演出来个个鲜活，这一方面说明梁天的表演天赋，另一方面，也是因为梁左对梁天的了解，梁左作为编剧是在为梁天量身定做剧本，他是下了功夫、费了笔墨的。我们从梁左、梁天两人合作的电影、电视剧作品，可以看出梁左对梁天的"偏心"，也能看出他们的这种默契：他们俩人合作了多部作品，大部分影响还是比较大的。在一个家庭中，兄弟两人能以编剧和演员的身份进行合作，这真是难能可贵的福分。

梁天在人前很低调，他说过："别总是写我那点表演、导演的事，就写我人缘好、善良吧！从小怕事，天生胆小，我跟梁左一样从小怕父母不高兴、老师不高兴、同学不高兴，长大了怕老婆不高兴、朋友不高兴、同行不高兴。"他渴望别人有什么需要帮忙的事对他说，他希望尽自己的努力去帮助别人。他是个不怕麻烦、喜欢麻烦的人，他是个一天不帮助人就心慌的人。

随笔写下这些，表达我对梁天的尊重。

我送给梁天的评价是：心地善良，热爱生活，孝顺长辈，生性活泼，助人为乐，重友轻色，多情重义，诗意伤感，学无止境。

祝福梁天有钱、有车、有房、心宽、体壮，一切都顺！

苏菲·玛索

苏菲·玛索(Sophie Marceau),1966 年生于法国巴黎,法国著名电影演员,后从事电影导演工作。

苏菲·玛索由于形象清纯,14 岁开始拍电影处女作《初吻》(1980 年),获得巨大成功,导致《初吻 2》(1982 年)的推出,这部影片使她获得了"凯撒最有希望女演员奖"。成年后的她迫不及待出演一些性感和另类的角色,但观众仍然喜欢她青春纯情的形象。随着年龄的增长,更有女性妩媚感的她所主演的影片仍然十分成功,她出演了《留住有情人》(又名《芳芳》)《豪情玫瑰》《云上的日子》等优秀影片。

1995 年她在《勇敢的心》中出演了她的第一个英文角色。同年,她执导了她的第一部影片,受到戛纳电影节的充分认可。她还出演了电影《火光》《安娜·卡列尼娜》《路易十四的情妇》和 007 最新系列片《末日危机》及《情欲写真》《浮宫魅影》等影片。1996 年她在法国出版了一本自己写的书《La Menteuse》。

生活中的苏菲·玛索不但清新靓丽而且魅力十足,也是一个极富个性和独立的女性,再加上自己的聪慧和自信,她开始自己导演电影作品,苏菲·玛索展现在我们面前的仍然是我行我素的性格,这种魅力使她的形象深入人心。

我想来电影学院上学 / **苏菲·玛索**

2005年北京的9月，秋意渐渐来临，丝丝的微风，让我们忘却了夏日的炎热。法国文化年形象大使、法国著名电影明星苏菲·玛索于9月15日悄然抵达北京，随即在北京参加了法国文化年闭幕的系列活动，同时，旋风般开展在北京放映由她自己选定和主演的电影《逃之夭夭》的发行放映宣传。

在我的印象中，苏菲·玛索女士来过中国，但是，她好像没有来过北京，在后来我们证实了这一点，她说她去过成都，她非常想来北京。我们北京电影学院特别想请她给学生们上一次课，请她谈一下电影的表演与创作，但一直没有机会。我们学院多次联系法国使馆，希望可以实现，现在终于可以达到目的了。

喜欢苏菲·玛索有太多的原因，她塑造了非常多的生动的银幕形象，她长得非常漂亮，比较像东方人，有一种东方和西方交融的美感，她的眼睛永远有一种深邃、迷离的感觉。

苏菲·玛索的第一部电影是《初吻》，在她拍那部片子的时候，只有14岁。一个广告模特公司给了她一个地址，让她去一个剧组，剧组的工作人员觉得她身材有点高，反倒是看上她的兄弟了，觉得她的兄弟长得漂亮，结果她兄弟不愿意干电影。剧组的人问她，能不能下个星期见一下导演，她同意了，结果在见导演的过程中，导演让她进行了试镜，就被选上了，就这样她拍摄了《初吻》，开始了她的演员生涯。

电影《初吻》，确立了苏菲·玛索的清纯玉女形象，由于她的叛逆性格，她想改变原来的形象，为了拍另外一部电影，她花了100万法郎，跟公司解约。苏菲·玛索后来说到这件事情的时候，流露出一些后悔：“当时，我还不知道那部电影有什么样的吸引力，有多么大的影响力，我就做出这么大的一个举动。因为我当时非常年轻，只是知道想干什么就干什么，对我的生命来说，吸引我的就是自由，这是非常重要的。现在看来，当我们进入到一个体制当中，无论什么样的体制，都必须遵守体制的规则，这是我们做事的态度。”

我们还都比较熟悉苏菲·玛索主演的电影《芳芳》，也是很多观众特别着迷的一个人物，《初吻》给人的印象和感觉是非常清纯的，到了《芳芳》的时候，给大家的印象是女人的感觉和性感。苏菲·玛索在和电影一起成长，随着年龄的增长，苏菲·玛索在演了少女、姑娘、女人后，表现爱情和性感的东西越来越成熟，通常是女性在年龄增长了以后有着更丰富的生活体验，这是演好这样一个角色的根本。

苏菲·玛索后来还演了比较多的电影，同时开始参加各种各样的社会活动，还自己导演电影，成为了法国比较活跃的电影人。

北京电影学院终于等来了机会，学院的学生也非常的有福气。

根据法国电影联盟、法国驻华大使馆文化处、中法文化年组委会的研究和提议，希望在苏菲·玛索紧张地访问北京活动安排之余，特意安排她到北京电影学院访问，与学院的师生进行学术交流，介绍她拍摄的电影，介绍法国年轻电影人的情况和他们的影片。法方希望这次活动严格限制在学术范围之内，不对外界做任何形式的广告，不授予任何的媒体采访和拍摄，北京电影学院可以进行拍摄，但是只用于学院内部的资料使用。

毋庸置疑的是，在中国观众心中，苏菲·玛索简直就是法国电影的代言人和美丽女神的化身，许多已经到了中年的中国观众一直在银幕上注视、爱慕和暗恋了她整整25年，苏菲·玛索是他们这些人成长中的一个美好和永久的记忆，多年来，任何有关苏菲·玛索的电影、新闻、报道、图片、书籍、海报，都会唤起他们这些人关于法国、关于电影、关于纯情、关于青春、关于美好、关于过去、关于浪漫、关于少女、关于诱惑的回忆。因为她以她美丽的容貌，完美的身材，一张具有东方特点的脸庞，成为了无数中国人心中最具有号召力、影响力的外国女影星。似乎在这些看过法国电影的中国人的记忆里，苏菲·玛索就像一个“邻家女孩儿”，十分清纯和亲切，可是，我们之间又会有谁有机会可以近距离地接触到她并与之进行电影专业方面的交谈呢?

9月16日下午1点，首先在学院大放映厅放映了苏菲·玛索亲自推荐的自编自导的影片《黎明之颠倒》《当爱变成习惯》和她主演的影片《晚上见》。可容纳900人的放映大厅坐满了人，甚至连过道上都是来观看的学生，每一部影片放映后，都是一阵热烈的掌声，这掌声是真诚的，是充满了祝福的。这天下午，学生和老师在北京电影学院又一次尽情感受法兰西国家和电影的浪漫。下午4点半影片放映结束，学院的放映厅门口已经聚集了许多学生，而在礼堂里，有大约900位学生和教师正在座位上安心等待。约下午5点，苏菲·玛索乘坐金米色法国原装雪铁龙汽车来到学院，米黄色的薄线衣，外罩一件有些中式的、带毛边的黄色丝绸小马甲，金黄色的头发上，架着一副浅咖啡色的太阳镜，嘴角挂着迷人的微笑，下车以后她首先环顾了一下校园，然后和我及来迎候她的人一一握手。

由于学院的安排和细心地准备，苏菲·玛索到学院进行放映交流的事情，实际上是被严格控制在一个比较小的范围之内，其实本身这也是一个纯学术交流的活动，没有拥挤、没有混乱、没有喧嚣、没有明星崇拜，也没有像在其他地方那样的失控和不快。苏菲·玛索对学院前来迎接的人非常亲切，与我、导演系主任田壮壮教授、学院外事办主任钟大丰教授握手相互介绍致意以后，就与在车边等候迎接的学生挥手示意。苏菲·玛索完全没有大明星的架子，身边就是陪她来的丈夫、美国电影制片人吉姆·兰里先生和一位工作人员，但是这位充满了明星光环的法国著名电影演员的到来，还是掀起了一阵阵的骚动。她从到达学院放映厅门口下车以后的那一刻起，根本没有什么所谓的明星派头，也没有任何的造作，而是亲切地面对学生，面对学院安排的摄影机、照相机，非常友好，非常大方，非常得体，脸上总是带着优美、灿烂的微笑。

其实，苏菲·玛索这次来学院，一方面是法国有关方面的精心安排，一方面也是她主动表示要求要来北京到电影学院与学生见面，她说:“我来不是以一个演员的身份，我希望我是以一个导演的身份来电影学院进行电影专业上的交流，我特别希望可以直接听到学生对我导演的影片的看法。”

对于苏菲·玛索这样一个电影明星，被法国人誉为心目中“永远的至爱”，由于她拍摄的影片在法国的影响，使她蜚声影坛、备受推崇。在中国，我们对她也有无数的赞美之辞，当我近距离见到和接触了苏菲·玛索以后，特别是与之毫无拘束地交谈之后，我觉得应该用性感妩媚、美丽大方、清纯可爱、优雅得体、风情万种、面孔生动、浪漫诗意来形容她更为准确。

我们一边走，一边交谈，我说：“听说你今天的日程和时间安排得非常紧张，到现在还没有吃饭，怕你不吃东西一会儿和学生说话没有力气，是不是你先休息一下，吃一些东西？”苏菲·玛索欣然接受了我的建议。早在16:30分放映结束的时候，学院外事办公室的李进，就在与苏菲·玛索的随行工作人员一直进行电话联系，了解他们汽车行进到什么位置，大约会在什么时间到达学院。在电话交谈中得知苏菲·玛索因为工作忙还没有吃中午饭的时候，我们就马上开始了准备工作，李进特意赶到国际交流学院的餐厅去取水果和点心，我则打电话到二楼学生食堂安排蒸包子，请研究生部和影视中心放映厅的人准备点心、月饼、咖啡、热水。所有一切准备工作在15分钟全部完成。这样，苏菲·玛索到达学院的时候，我们已经在放映厅的会客室全都摆好了吃的，做好了全部的接待准备工作。

放映厅会客室经过精心的布置，墙上有各种各样的电影海报。小桌子上摆满了吃的，五仁月饼、蛋塔、奶油酥、桃酥、热馅包子、茶水、咖啡。苏菲·玛索看得眼花缭乱，一一问使馆的人员，这是什么？那是什么？她似乎对所有造型各异的点心都一律不感兴趣，在我的劝说下，她先拿了一个包子，开始津津有味地吃了起来，看来苏菲·玛索真是饿了，一边吃一边说：“好吃，好吃。”于是，我们利用她吃的时候开始了交谈。

苏菲·玛索非常关心地问起学院的一些情况，我介绍了学院已经有55年历史，在校的学生有近4000多人在学习电影，她表示特别惊讶，同时我也特别介绍了学院各个系的设置和一些详细的专业和方向。陪伴她来到学院的有她的丈夫吉姆·兰里先生，也是一个电影制片人，对电影制作比较了解，他还仔细地问了一些专业方向的问题。我特别告诉苏菲·玛索，所有的电影制作专业(行当)在学院都有设置,例如剪接、广告、化妆、洗印、技术、动画等专业也都有,学院有不同层次的教育模式和人才培养方法,而且,北京电影学院与美国纽约大学电影学院(NYU)、美国加州大学洛杉矶分校(UCLA)、美国南加州大学(USC)、美国电影学院(AFI)、法国及其他欧洲的电影院校都有学者和专业、教学的联系,听了这些介绍,使苏菲·玛索对学院有了一个全面的了解,她对中国竟然有这么大规模的、专业的电影院校而感到高兴。

苏菲·玛索对我说:“现在,很多法国人都希望了解中国,我也知道你们的电影学院,是一个非常好的电影学院,在世界上非常有名,我没有上过这种专业的电影院校进行学习,从很小的时候就开始从事电影的拍摄,演过一些电影以后,有了一个机遇,我又开始担任电影导演。我没有这样上学的机会,我非常羡慕这些学生有这么好的条件进行系统的电影专业学习,我都想到电影学院来上学,不知道可以吗?”我马上表示:“我们欢迎你随时来,但是,你来电影学院可不光是学习,还要让你担任一些教学工作,讲一些法国电影,讲一些关于电影表演的创作。”“真的吗?”苏菲·玛索问我。我说:“我们当然是认真的。”苏菲·玛索高兴地看着我,脸上堆满了幸福的笑容,乐得非常开心。

今天和苏菲·玛索如此面对面地接近和谈话,让我深受触动的是一个女人的魅力不光是来自于她的容貌、形体、举止,其实更来自于个性和自信。苏菲·玛索就是一个集个性和容貌于一身的女人,这就是她拥有这么多男影迷和女影迷的原因吧。

法国电影联盟的人向苏菲·玛索特别介绍,一会儿她要见到的导演系主任田壮壮教授,他拍摄的电影《盗马贼》《蓝风筝》《德拉姆》在法国过放映过,在中国是一位非常著名的导演,苏菲·玛索说:“我很遗憾,没有看过田壮壮导演的电影,回去要马上补课,否则,我就不知道应该说什么。”

在交谈中,我问苏菲·玛索:“你对中国电影和中国导演了解吗?或者对一些华人导演了解吗?”她说:“现在很多中国电影都在法国上映,我最最喜欢的电影就是李安的《卧虎藏龙》,是非常好的动作片,如果你看了《卧虎藏龙》,就可以体会中国电影的一些精神,对我来说这部电影是很有意义的，让我们了解了中国的文化，这也是一个非常前卫、非常有意思的电影，对表现这个国家的历史文化的视角是独特的。我知道，在世界上的一些电影节放映的中国电影很多是非常抒情的、非常有意义的、反映现实生活的作品。《卧虎藏龙》就是有非常多的想法，在好莱坞开创了一个新的风格。还有就是张艺谋的电影、陈凯歌的电影，还有一些导演的名字我记得不是太清楚了。对了，《鬼子来了》，姜文，还有，章子怡这样的女演员，她代表了新一代中国的、华人的影星，也是一个国际化的影星。他们的电影我都很喜欢。这就是我对中国电影的一些认识，一些导演都非常有才华，我认为中国人能在很短的时间内做成的事情是非常令人惊叹的。”

会客厅里其他客人没有加入吃东西的队伍，看来，只有苏菲·玛索一个人没有机会吃午饭，她在一边吃、一边问，一个包子很快就吃完了，她还在犹豫下面准备吃什么，问了一下陪同的人员，发现其他的东西全是甜的，索性就拿起了第二个包子，一边吃、一边诉苦似的对我说：“他（指制片人）真的不好，来北京光让我工作，没有安排吃饭的时间，也不给我饭吃，害得我到现在才吃上东西”。边说边笑着看着制片人。我说：“没有关系，不是他的问题。干电影的人都是这样，主要是工作太多了。”

我介绍了学院每年招生的情况，介绍了各个专业要进行专业考试和全国的文化考试，她对各个专业的考试细节表示了极大的兴趣，我都作了十分详尽的介绍。当我说到，现在学院各个专业的学生中有众多的女学生时，她表现出较多的惊讶，当我作了一些情况介绍的时候，她表示理解说：“可能是她们的学习比男生刻苦的原因，在法国也有这样的情况。”

苏菲·玛索一进入放映大厅，全场响起了热烈的掌声，我有意停顿了一下脚步，让她一个人独自上到台上，随后，我才和田壮壮教授、张献民教授走上台。苏菲·玛索与学生挥手致意，与在《逃之夭夭》发布会上的第一个亮相一样，她首先举起手中的数码相机，给面前的近一千多名学生和老师们照了张相，然后才优雅落座。眼睛是真诚的，说话的表情非常平和。

在学院大礼堂与学生进行交流的时候，苏菲·玛索到底是干电影表演和导演专业的，不停地转动上身的形体，而且，是180度的转向范围，不时用各种各样的表情和手势来帮助自己回答问题，动作非常丰富、非常得体，也特别适合照相，结果每当她摆出一个姿势的时候，就引来了一片快门的声音和闪光灯。其实，苏菲·玛索内心是一个非常平和和温情的人，很注意倾听，回答问题非常专注，非常认真，说话非常有条理和清晰，富有激情的表现力。她还谈到，她希望与中国的导演合作，也曾经准备计划拍摄一个关于东方国家的故事。整个的交流会现场的气氛十分热烈，问答非常融洽，气氛十分轻松。

学术交流结束了，我代表学院送给她北京电影学院中英文介绍的学院宣传册，她非常专注地看了看，连声说"谢谢"，不时地对优美的照片发出赞美之词，特别是当我送给她印有学院标志的有机玻璃标牌时，表现出惊人的喜欢，她特意拿出来，面带微笑，合影留念，对现场的师生高高举起，表示致意。

学院学生的热情和交流的过程似乎感动了这位法国明星，没有了在学生面前的矜持和拘谨，她完全忘记了我们开始的约定，大方地走到台边上，主动要求给热情的学生签名，有的学生拿到苏菲的签名后，高兴得直蹦。一些学生索性冲上台，索要签名和照相，当我善意劝她学生太多，少签几个尽快离开现场的时候，她表示还是尽可能地满足学生的愿望，执意要多签一些，我和她的工作人员对视了一下，表示没有办法。不过苏菲·玛索的这一热情的举动，立刻打破了原有的会场秩序，学生们一拥而上，整个学术交流现场气氛一下达到了高潮，我也很紧张，学院的保安也不知道应该怎么办。我又告诉苏菲·玛索，签一些就可以了，她还是一直在签，愿意多签几个。但是，由于发现学生越来越多，场面越来越难以控制，我就和她的工作人员上去阻拦越聚越多的学生，叫来她的丈夫吉姆·兰里先生，赶快护送她出了学院礼堂的后门，马上走到汽车旁，钻进了汽车，上车后苏菲·玛索马上与丈夫亲吻，表现得非常亲昵。

苏菲·玛索结束了学院的学术交流在乘车离开学院的时候，还特意落下右后车窗，在车里大方地与热情送行的学生和电影频道的记者挥手致意，脸上充满了微笑。看得出来，她对这次电影学院之行非常满意，这是真诚的微笑，是真诚的告别，她在北京电影学院整整停留了 1 小时 40 分钟。

事后，我们学院研究生部与法国方面进行联系，他们对学院组织的这次学院“大讲堂”的学术交流活动非常满意,他们认为,这是在中国众多宣传活动中,最没有商业气息的活动,完全是学术和专业形式的交流,现场不乱,参加人员有礼貌,没有围观和拥挤。苏菲·玛索事后在接受采访的时候说:“我在中国北京见了很多的人,我去了北京电影学院,我见到了那些学习电影的大学生,对于希望将来成为演员的这么多学生们,我是非常惊讶的。我自己没有上过电影学院,所以我非常地羡慕他们,非常地敬佩他们,能够选择了这个电影的职业。对我来说,我是偶然地进入这个行业。我看见了很多年轻的中国电影人,一些演员、导演,他们很热情、很年轻,他们非常热情,我非常感动,观众对我的热情我无法无动于衷。”

苏菲·玛索跟我说,她因为电影几乎成为了一个在世界到处走的人,为了宣传电影,为了慈善事业,到世界的各个角落去,她认为自己是一个世界公民,但是,作为电影人,来过中国到过成都,从来没有来过北京,这次来北京,还要去几个电影机构和单位对自己的电影进行宣传,她特别高兴今天能够自己亲自来中国,这么深刻地了解中国,她没有想到,她的电影在中国有这样的影响,在她到达下榻的饭店里也受到如此的欢迎,让她非常激动,观众对苏菲·玛索的热情,令她无法无动于衷,“看到的中国人是非常热情的,他们能看到我的电影,我很高兴,这对我来说是一个很好的事情。”

苏菲·玛索在后来的北京参观、访问、见面的活动中,多次提到她到北京电影学院学术交流的经历,她说电影学院给她留下了深刻的印象,学生的热情与友好、提出的问题非常专业和有水平,中国有这么好的一所电影专业院校真是一个了不起的事情。

中国很多的观众看了苏菲·玛索演的电影,一个是被她的形象、气质所征服,一个是被她扮演的人物性格所感动,都认为她身上有一种东方人和西方人混合的美感,有一种特殊的东方人的气质,尤其是她的眼睛,非常深邃,非常清澈。

愿这朵巴黎的玫瑰能够更加美丽地绽放。

高仓健

高仓健(原名:小田刚一),1931年2月16日生于日本福冈县中间町。他加入电影界很偶然。1955年24岁的他因家人反对婚事而离家出走,只身跑到东京,应征新艺制片厂剧团管理见习生,后经人介绍,进新演员训练班。1956年11月,初登屏幕,拍摄电影《电光空手道》。1959年2月,与江利智惠美结婚,后于1971年9月离婚。

他从影期间共参加拍摄了二百多部电影,为中国所熟悉的有《追捕》《八甲田山》《幸福的黄手帕》(获得第51届《电影旬报》男主角奖、第32届每日竞赛会男演员演技奖、第20届蓝丝带男主角奖、第一届日本学术会男主角奖)《动乱》《远山的呼唤》(获得第4届日本学术会男主角奖)《车站》(获得第5届日本学术会男主角奖、第27届亚洲电影节男主角奖)《海峡》《南极物语》《铁道员》(获得第23届蒙特利尔世界电影展优秀男主角奖、第44届亚太影展男主角奖、第32届日本学院奖最优秀男主角奖)等。2001年他拍摄电影《萤火虫》。2005年与中国著名导演张艺谋合作拍摄电影《千里走单骑》。

由他主演的影片《追捕》在中国产生了极大影响,他所塑造的日本检察官杜丘的形象深入人心,高仓健由此成为了亿万中国观众心目中的首席日本偶像。1977年高仓健和倍赏千惠子演出了他认为是终身代表作的电影《幸福的黄手帕》,他凭借该片囊括了当年日本各项电影大奖中的最佳男主角奖。

日本著名导演山田洋次形容高仓健:“他那对眼睛有一股勾魂摄魄的魔力,他的眼神里载满了悲哀和喜悦。”此后,高仓健、倍赏千惠子、山田洋次接连合作,创作了《远山的呼唤》和《车站》,均赢得巨大声誉。三人在电影艺术上的完美配合和创作,被誉为日本电影界的“最佳三重奏”。

人生应当是诚实的人生 / **高仓健**

俗话说："谋事在人，成事在天。"

张艺谋多次在一些场合提到在滇拍摄电影《千里走单骑》的时候，高仓健先生的为人、敬业的工作态度等方面的表率，给摄制组的全体工作人员留下了深刻的印象，值得大家学习，摄制组的一帮人也十分想念老高。影片拍摄完成很长时间了，张艺谋仍然挂念高仓健先生，特别谈到他对高仓健先生的一些感受时，脸上充满了尊敬与虔诚，张艺谋想邀请他到北京来一趟，但是老高的为人他们十分清楚，他十分谦虚和低调，不会轻易应邀来，主要是怕给大家添很多的麻烦。艺谋在与我说起这事的时候，希望听一听我的意见，并希望学院在邀请老高来的问题上，发挥一些作用，因为毕竟在20世纪80年代，老高来过北京电影学院访问。我说："这事好办，我们就再请他来学院访问、讲学、交流，顺便看望摄制组。"我们可以在这上面做一些设想和安排，艺谋同意了我的意见。

我与艺谋大致研究了高仓健先生在北京和北京电影学院参观、访问、讲学、交流活动的安排，我则按照这个思路整理了我们的想法，"关于北京电影学院邀请日本著名电影明星高仓健访问"的初步计划的文件很快就写好了，艺谋要求我先将这个传真给他，他要和张伟平总裁及工作人员进行一些沟通和修改，我就把下述文字先传真给了艺谋。

艺谋兄：

我们根据我们俩的商议，关于请老高到北京电影学院的事我初步拟了一个计划，请你看并提出意见。

会　军

关于北京电影学院
邀请日本著名电影明星高仓健访问的初步计划

北京电影学院是目前中国唯一一所电影专业高等艺术学府，是新中国电影人才培养的摇篮。学院在国际电影教育中具有独特性，其电影创作、理论专业教学和质量，在中国和世界具有领先性，在世界电影教育中有着举足轻重的影响和地位，是目前中国高等艺术教育中最具特色的电影院校，是亚洲规模最大、世界规模最大、最著名的电影艺术高等学府。

北京电影学院始终致力于与日本的电影界、教育界的交流，并不断地加强这种联系：我们在学院的本科生三至四年级的电影专业教学中，讲授日本电影、电影导演的创作；在学院和研究生中专门进行"日本电影、日本电影研究、日本电影导演研究"的人文学科研究项目；开展与日本电影界的广泛交流，先后派教师多次赴日本进行访问、研修，参加日本东京、横滨等电影节；建立了与日本大学、东京大学等日本电影院校的广泛联系，近十年，我们与日本相关大学、电影院校、综合大学实现了院校间的高层互访和学术交流。

2001年由北京电影学院主办、日本国际交流基金会协办的"北京日本独立制作电影学术研讨会"隆重开幕，日本电影界的制片人、电影导演、电影公司的代表，日本文化、娱乐界的来宾、朋友光临北京参加该项活动。

学院希望建立与日本电影界、文化界和日本电影公司的更为紧密的联系，增进友谊，加强了解。学院希望邀请日本著名电影明星高仓健先生来校访问，进行学术交流，根据惯例和安排，经学院研究草拟了一个计划，初步确定了如下的几项内容：

一、授予北京电影学院客座教授聘书

鉴于高仓健先生对中日文化交流和电影交流所做的贡献，学院学术委员会决定授予高仓健先生北京电影学院客座教授，北京电影学院院长张会军教授向日本著名电影演员高仓健先生颁发北京电影学院客座教授的聘书。

二、影片放映及影片拍摄交流

时间:半天。地点:学院可以容纳1000人的大放映厅。参加人:学院的师生员工。放映影片:《千里走单骑》。放映后高仓健先生与全校师生见面并回答问题,进行学术座谈交流。

三、电影表演学术讲座

时间:半天。地点:放映厅。参加人:表演专业学生。请高仓健先生谈关于电影表演创作、表演与导演的合作、关于演员素质培养等表演专业的问题,结合自己的电影创作与学生教师进行交流。

四、学院《学报》访谈高仓健先生电影表演创作学术讲座

学院《学报》、电影研究所访问高仓健先生。参加人员:研究所部分教师和学院史论专业的研究生。主题:关于日本近现代电影的制作与现状。

五、高仓健先生参观学院和张艺谋导演的拍摄现场

由学院张会军院长陪同高仓健先生参观学院的教学设施和参观张艺谋导演的拍摄现场。

六、高仓健先生在北京游览

请学院懂日语的青年教师、本科生、研究生陪同参观北京的长城、故宫、颐和园及潘家园旧货市场。

预计高仓健先生在北京逗留5—6天。

供你参考。

会　军

2006年1月

我与艺谋研究的高仓健先生在北京的活动安排上述文字很快就通过传真的方式发往了日本,高仓健先生原则上已经接受了我们的安排,就我

和艺谋的这个活动内容安排给张艺谋导演回了信。

张艺谋导演：

你好，首先向你祝贺新年。能想象勤奋的导演还来不及享受新春的快乐，就已经奔波在拍摄现场了。明天休息。电影学院的来函已悉，关于招聘我任客座教授一事，借此深表谢意，我知道这是一个非常崇高的荣誉，令我受之有愧，但你知道事实上我本人对此类份外的重职并不怎么感兴趣，此事还是以导演的意向为重，由你来决定。

另外，在北京滞留时间的具体日程安排，我的想法如下：

首先，与中国电影同行们进行交流，是一件很愉快、很有意义的事，只是我没有在正式场合进行演讲的习惯和经验，不是我得意的项目，我希望随意回答出席者的提问，这样一种形式比较合适、自然、随和。

来函中提及参观导演拍摄现场一事，我担心会不会因为我的突然到访而破坏了拍摄现场特有的气氛，给出演者和其他人员添麻烦，此事我同样会遵循拍摄现场的最高负责者导演的意愿而行。

最后，有关参观万里长城和故宫等活动，说实在，我没有什么太大的兴趣，我不想给各位添太多的麻烦。

以上是我的浅见，迟了给你复信，十分抱歉，总的来讲与这件有关的所有事情全部听从导演的安排。

谨向张伟平先生转致我诚挚的问候。

愉快地期待着与各位朋友的再会。

高仓健

2006年2月10日

张艺谋收到高仓健的信后，也给我写了一封信，顺便把他的信的日文件和中文件复印了一份给我，张艺谋谈了对这次邀请活动的安排想法，甚至，对细节的东西也提出了建议。

会　军：

特地给你转去高仓健的信，看起来老爷子对这件事还是很认真的。我希望借你的力促成这事。

我想按老爷子信上的意见，将他与师生的交流形式，采取随意回答问题的方式，这样他会舒服一些。老爷子确实不善言辞，也作不了公开演讲，他在日本也从不参加此类活动。你想办法给他安排得随意、轻松一点，不必太正式。老爷子基本上只会回答问题，你不问，他就是一个沉默的人。

来学校的活动简单一点就行了，让他留几天在北京，跟我们“千里”剧组的人聚一聚，这也是他想来北京的重要原因。他非常怀念“千里”的合作，总是无限惦记剧组的人。

老爷子来的时间，我想等天气暖和一点，3月中或4月初，你看呢？大概有了想法，请立即转告我，我再通知老爷子。日本人的习惯，是从“解放前”就开始做计划。

非常感谢你调动两个班（表演系）学生参加我们的新片《满城尽带黄金甲》的拍摄，也帮助我解决了群众演员的问题。听付璐璐说，老弟一路绿灯，亲力亲为，老哥就不客气了。

再说。

艺　谋

2006年2月17日

我根据张艺谋的信的内容和要求，与学院教学副院长谢晓晶教授、研究生部主任孙欣教授进行了商量，根据老高和艺谋对原先拟订的活动安排和内容进行了一些必要的调整，我很快给张艺谋导演发去了学院新的活动内容安排。

这次调整后的学院计划和安排，高仓健先生基本同意了，我们总算是为这件事得以落实而感到一丝的欣慰，关键是我们的这一计划可以使高仓健先生再次来中国北京；电影《千里走单骑》剧组的同仁又可以和老高相聚了；电影学院的学生可以有一次和电影大师面对面进行交流的机会；

学院实现了让老高第二次来北京电影学院的想法。我们都为此而感到由衷的高兴。

到此为止，在新画面公司总裁张伟平先生的亲切关怀全力支持下，在张艺谋导演的细心安排下，在学院的各个部门的努力沟通下，所有关于邀请高仓健先生到北京来访问的各种准备工作全部安排就绪。万事俱备，只欠东风。我和张艺谋在这之前，就对高仓健先生的北京之行有一个基本的要求：让老高高兴；让他感受到曾经工作过的剧组的同仁对他的怀念；让他感受到学院学生和教师对他的热情；减少不必要的应酬，减少采访。这倒是符合高仓健原先来中国拍戏安排的要求："一不要围观，二不要拍照，三不要采访。"他希望作为一个普通的日本公民到中国来。他希望过一种普通老百姓的生活。

北京的 4 月，春天的气息已经十分明显，到处绽放着花朵，让我们忘却了北京的"沙尘暴"的不快，学院则在准备迎接一位非常重要的日本客人。中国人心目中最完美、最景仰、最男子汉、最有魅力的日本电影演员高仓健先生，像旋风式地突然降临北京电影学院，老师和学生们沉浸在兴奋、喜悦、激动的情绪中。高仓健先生连续 3 天到学院，我同他交谈、聊天，陪同他在学院内参观、走动，3 天的相处，使我有幸在近距离深入了解到银幕下和生活中的高仓健先生，充分感受到他那作为男人的责任、内向、沉默、内在、严肃的男性魅力。

在我们确定了高仓健先生访问的日程以后，他托助手与我联系，说他来北京电影学院的时候，可以带一部电影影片的拷贝，问我们带什么片子好，我说："带一部最近时期您参加拍摄的，在世界和亚洲比较有影响的，最好是在日本和国际获过奖项的影片。"结果我们选定了由日本著名导演降旗康男先生 1999 年拍摄的《铁道员》。4 月 17 日的下午，张艺谋工作室的工作人员和高仓健先生的助手与我联系，说老高专门排出了时间，要亲自到电影学院的大放映厅来看影片《铁道员》，因为这个拷贝是已经翻译成中文了，所以容易被同学和教师接受，他也想与同学和教师一起感受电影，以便明天交流的时候可以进行讨论，这些足以证明他对这次到学院讲学和交流的重视。

4月18日下午17:20分，高仓健先生在张艺谋工作室、新画面公司的工作人员和他的助手陪同下，来到了学院。尽管我早就在银幕上、杂志上非常熟悉高仓健先生了，但在学院办公楼的楼梯口见到他的时候，还是有一份格外的惊讶和惊喜。感觉他非常有朝气、帅气，比我想象中要年轻。白色高领棉毛衫外，套着一件咖啡色的皮夹克，浅驼色的裤子，高筒的咖啡色靴子，仍然是他几十年来在银幕上的高仓健式的短发。我可以感受到他那作为男人特有的冷酷、严肃、深沉、干练和充满内在美的男性魅力，这也可能是他几十年以来修炼出来的状态。有的时候，男人感觉和风度其实更多的是一种状态和气质。

高仓健先生见到我的第一句话竟然是中文“你好”，然后就是感谢北京电影学院对他的邀请。我说：“您的到来，对于北京电影学院的全体教师和学生是一件非常高兴的事情，您在我们学院的教师和学生的心目中，具有非常高的威望，大家也非常希望见到你。”都说高仓健是一个“沉默寡言的男人”，我不这样认为。张艺谋工作室的工作人员和他的助手都说，高仓健其实是一个比较认生的人，他不善于和陌生人打交道，也不善于和陌生人交谈。由于没有媒体记者和其他外人的缘故，一进到我的办公室，就显示出格外高兴，话也多了起来。我们首先给他介绍了北京电影学院的历史、规模、专业和所取得的成就，当我说到每年有上万的学生来报考学院的时候，他听了以后表示惊讶。他说：“我也来电影学院上学吧。”我说：“行，没有问题，明天就是第一天，已经录取你了。”听到这儿，他爽朗地笑了，笑得是那么灿烂，真的是在我们平常不可想象的情况，也是我们在其他场合根本见不到的情形。

很多人都说“男人，沉默是金”。高仓健的不苟言笑简直就是这句话最好的注释，和我们在一起，高仓健先生却流露出生性活泼的一面，他说：“可能是我演的那种不爱说话的角色比较多了，所以大家就认为我就是一个沉默寡言的人，其实不是这样的。”他说，“我是爱说话的，对于谈得来的人、谈得来的事，关于电影、人生啊，我还是愿意谈的，特别是谈起电影什么的，有时候连时间都会忘记。让我主动说，困难比较大，人家问，我回答，可能还可以,我还是不善于言辞。"

都说每一个人都有其多面性,这话一点也不假,老高也有其天真的一面。我说:"明天你在电影学院当着学生,不说话可不行,当教师,你必须要说,说一点不行,还要多说,才能达到教育学生的目的,特别是你参加拍摄了那么多的电影,你一定会有比较深的体会。""是,我尽可能努力,我试试吧。"他说这些时,看得出来态度非常的诚恳。我介绍了学院这些年始终致力于与日本的电影界、教育界的交流情况,也介绍了我们在学院的学生中讲授日本电影、日本电影导演和创作课程,学院先后派教师多次赴日本进行访问、研修,参加日本东京、横滨等电影节,建立了与日本大学、东京大学等日本电影院校的广泛联系。

我问高仓健先生,您是怎么样保持这样一种身体状态和心理状态的?他说:"其实,我也不是刻意去干什么。就是要诚实,人生应当是诚实的人生,你做什么事都要坚持绝不要欺骗自己,不要管别人说你什么。走自己的路,做自己想做的事。做一个诚实的人是需要很大勇气的。"

我们问高仓健先生:"您知道吗? 在当年,看了您的影片以后,中国有许多女孩子都把您当做崇拜的偶像,都把您作为未来的结婚标准。甚至,当时的杂志还开展过一些讨论。"他看了看我说:"我真是对不起了,由于我的存在,给你们添了这么多麻烦,真是不好意思。"高仓健的表情是无辜和真诚的。

我回忆起 1986 年高仓健先生、吉永小百合女士、田中邦卫先生等到学院访问的情形。老高说:"对,我还记得,大概是因为我们第一次踏上中国的土地,对所有的东西都感到新鲜。是我们要求到北京电影学院来参观的,我们还和教师们一起包了饺子,我还记忆犹新。""现在的北京电影学院,已经有了非常大的变化,由于我们是中国政府唯一举办的公立电影学院,所以,在亚洲都是最大和最好的。"我比较详细地介绍了各个系和专业、教师、学生的情况。老高说:"是啊,这是最令我不可思议的事情,在日本,还没有一所公立的电影院校,这是日本和中国完全不同的地方,我们日本应该反省这事。"老高看到了挂在我办公室墙上的摄影系"78 班"的毕业合影,对此他表示出极大的兴趣,我指给他看当年的张艺谋、顾长卫、侯咏，特别是看到我们当年的状态，他高兴地说："那时的你们是那么的年轻，真不可思议。"我忽然发现，高仓健先生并不拘谨，话反而多了起来，表情也很丰富。

很快就到了时间，电影《铁道员》开始放映的时间是6点整，我们不得不起立，往学院大放映厅走。来到了大放映厅，在场的观众认出了高仓健先生，纷纷喊着他的名字，向他挥手致意。高仓健先生对我们说："太对不起了，我们往后面坐吧。"结果，我们一直走到了大放映厅后面坐下。从这件小事上，我们可以看出，高仓健先生就是一个比较低调的人。

《铁道员》的主演是高仓健和广末凉子(20世纪90年代日本最具代表性的偶像)。导演是日本著名导演降旗康男先生。该影片获2000年蒙特利尔国际电影节最佳男演员奖，再次征服了无数喜爱他、崇拜他的影迷，又一次证明了他在日本电影史中的位置。同时，《铁道员》获得1999年"日本电影旬报奖"众多奖励。2000年又夺取了亚洲电影节最佳导演奖。同时，高仓健凭其在《铁道员》一片中的精彩表演，获得日本第42届蓝丝带电影奖最佳男主角。

以沉默坚韧、冷峻寡言、表情冷酷的"男子汉"形象而闻名的高仓健先生是日本影坛的一棵"长青树"，从影近50年，拍片二百余部，获奖几十次，迄今在日本影坛无人可比。高仓健先生在影片《铁道员》中扮演一位工作勤奋、内心悲苦、待人热情的老站长佐藤乙松。故事发生在日本北海道一个大雪覆盖的荒凉小镇——幌舞，一个日本铁路系统中十分不起眼儿的小火车站，同时这也曾经是一个铁路的一个终点站。高仓健先生饰演的火车站站长佐藤乙松是一位兢兢业业、热爱工作、忠于职守的铁道员，他把个人的命运与他工作的车站紧紧连在了一起，在17年前失去了爱女，两年前爱妻也在他执行勤务时撒手人寰。多年独自承受着丧失妻女的痛苦，背负着这些沉重的往事，他一直独自坚守着这个荒凉的小站。

正当乙松打算为一生坚守过来的站长生涯孤独地画下句点的时候，影片采取了现实与非现实的表现手法，少女雪子(广末凉子饰)在站台的出现，将乙松的生活重新点燃，勾起了他对女儿的思念之情，孤独的心渐渐复苏，他先后两次遇见不同年龄的少女，影片最后17年前早夭的爱女雪子从天国回来看他和陪伴他，与雪子的短暂相遇和相处，为他带来了一个温柔的回忆和生命中最值得眷恋的奇迹历程，勾起了老站长无限的遐想与幸福的记忆，使影片达到了精神抚慰的颠峰。

电影《铁道员》的策划，是由战后日本人气最旺的明星与导演搭档创作的，这一作品的拍摄，在观众的印象里是一次世纪性的纪念。作品的内容以铁路员工乙松令人难以忘怀的工作态度为叙事核心，以其即将告别奋斗终生的岗位为触发点，以人生的经历和为之工作最后尽职的内心情感世界为主线，辅以表现和折射这个昔日煤矿小镇铁路终点站，在经历了20世纪从创业、繁荣到衰落的发展过程，反映了今日日本国家工业发展以后，建设重心开始转移到城市的发展背景，深入细致地阐释了一幅20世纪日本经济发展缩影的丰富内涵。而乙松正是代表了20世纪老一代人的精神——勤奋、认真、献身。为了坚守工作岗位，在爱女与妻子逝世时连说一句“对不起”的机会都没有，更未能在身边尽责，乙松的高大形象在千禧之交的时刻成为了日本世纪的永恒纪念。

在看片的现场，看到感人的段落和关键时刻，现场的观众唏嘘一片，坐在我身边的高仓健先生也禁不住热泪盈眶，不住地用手绢擦拭。我们在电影中看到了日本电影感染人、影响人、塑造人的结果，令人耳目一新。影片结束了，字幕缓缓地升起，我们一直看完字幕，没有打扰任何人，就悄悄地离开了学院放映厅。

19日下午开始放映《千里走单骑》，下午学院的大放映厅已经是座无虚席，大家被影片的情节所吸引，看到好处是一片掌声，大家为影片中的人物、情节、细节不时发出开心的笑声。

3点15分左右，高仓健先生在工作人员的陪同下来到学院，为了方便，汽车直接开到了大放映厅的后门，天气比较凉，高仓健先生穿着一个咖啡色的夹外套，围着一个黑色围巾，浅驼色的裤子，唯一不同的是他还戴着一个小的白色口罩，罩在脸上十分不协调，看上去比较滑稽，一进到屋子里，就开始活跃起来，竟然戴着小口罩，给人签字、照相，心情非常的好。我说：“高先生，第一次给北京电影学院上课，不可以戴着口罩，这样对学生和教师是不尊重的。”“是。”老高听话地摘掉了口罩，还和《千里走单骑》剧中的女演员、电影学院国际交流学院的蒋雯老师合了一张影。入场的时候，我故意拦住了其他人，有意识让老高自己走上了台，给他了一个自己独自在学院大放映厅台上的机会瞬间，也为了让大家有一个深刻的印象，也给媒体一个拍摄的时间。老高一上台，台下顿时响起了一片掌声和欢呼、尖叫声，高仓健先生双手合十慢步走到舞台的中央，站立着向学生们致意。

老高落座后，一直面带微笑地向大家表达致意，看得出来他非常高兴，率先向在场的教师、学生和媒体问候"大家好"。我说："各位老师和同学下午好，今天我们有幸请到了日本的著名表演艺术家、电影演员高仓健先生，我们先进行今天学院大讲堂的第一项内容。经北京电影学院学术委员会和院务委员会研究决定，聘请高仓健先生为北京电影学院客座教授，在这里我代表学院把客座教授的聘书发给他。"当我宣布聘请高仓健先生为电影学院客座教授并准备向高先生颁发证书的时候，现场翻译很快把意思翻译给了老高，老高马上站起来接受了聘书，举着聘书和我一起合影留念。现场教师、学生们的情绪也被感染了，照完相以后，老高突然一改严肃和深沉，非常顽皮、孩子般地用手臂假装挡住了自己的脸，假装在擦拭眼眶，表现出了激动不已和羞涩的状态，对接受这个意义重大的聘书表示激动，引来台下教师、学生和媒体的哄笑和鼓掌。

坐下以后，我说："可以请高仓健先生就接受这个聘书讲几句话。"高教授："我在日本做了很多年的演员，到今年已经几十年了吧，我已经拍了二百四十多部影片，在中国，拍摄《千里走单骑》是让我非常感动的一部片子，在拍摄现场，我都是有非常非常多感动的事件可以说，这次接受北京电影学院张院长的客座教授这样一个称号，我是觉得受之有愧，非常感谢大家。"

高仓健先生在如此众多的人面前，似乎也忘记了一切，他好像打开了话匣一样，开始了在北京电影学院对学生上的第一课。提问的纸条一个接一个地被工作人员传递到台上，我就综合着、编辑着念给大家，然后翻译张景生先生就马上翻译给老高。大家大多的问题都是围绕着高仓健主演张艺谋导演的影片《千里走单骑》的创作而提的。但是，现场递上来的条子也有十分不靠谱的，有的是在挖娱乐消息，有的问题提得比较小儿科，例如：你什么时候退休？退休以后还拍电影吗？你有儿子没有？你认为男人应该怎么样对待自己的感情？和你合作过的女演员，你觉得谁还不错？你们的感情是和电影里一样吗？……甚至还有一些看起来完全与电影专业、表演创作、演艺事业没有什么关系的无聊问题。真是林子大，什么鸟都有，我干脆就没有念，以免让老高不高兴和丢面子，甚至破坏了学院学术交流的气氛。

在结束交流之前，高仓健先生在翻译张景生先生翻译他的讲话的时候，对着我，悄悄用手指着学院客座教授的聘书上北京电影学院客座教授几个字对我握了一下拳头示意，并且握住我的手用日语说了一声"谢谢"，我也握了他的手表示祝贺。从他的眼神里，看得出来充满了喜悦，特别是他笑起来的时候，有一种特有的羞涩、和蔼和腼腆。

讲座的时间非常快地就过去了，和学院的教师、学生们的交流之后，老高起身与大家告别，很多的学生仍然在下面挥手致意，老高边走边向下面挥手，快到台边上的时候，众多学生冲出来索要他签名，他还是给签了几个，就走到了侧台的休息室，由于汽车还没有开到后门，工作人员和助手说就在屋子里稍微等一下。老高可能由于是情绪所致，到了屋子里以后，就开始和工作人员照相、签字，对学院学生会的同学要求签字的，他也是来者不拒。我说："高先生，今天的活动多亏了这些可爱的同学们，你是不是也表现好一些，跟他们照一些相？"于是乎，又是一轮新的拍照，单人的、多人的、集体的合影，一一满足了学生们的要求。大约 10 分钟后，助手来通知，可以离开了，老高才和屋子里的员工、同学握手告别。

门口外的学生和媒体记者仍然在等候，一见高仓健先生出来了，立即蜂拥而上，要求签字和照相，负责保安工作的人员在进行劝阻和维持秩序，老高才得以冲出重围，很快地钻进汽车中。这时学院的一个日本留学生，看到了自己喜欢的影星，情绪十分激动，脸憋得通红，大声喊叫，手舞足蹈，站在车的前面高声喊着高仓健先生的名字，久久不肯离开，汽车已经开走了，他仍然处在兴奋之中。

20 日上午是学院电影学系、电影研究所和《学报》进行联合访谈高仓健先生的日子，学生早早就来到了学院教学楼一层的四季厅，静静地等候，快到9点时，我就在学院教学楼前面等候，高仓健先生提前到达了学院，下车以后，我们互致问候。今天他上身穿的是牛仔上衣，米黄色的裤子，咖啡色的翻毛皮鞋，显得十分年轻和帅气，恰好张艺谋导演工作室的工作人员付璐璐也穿了一件牛仔上衣，我们大家都说，你们完全是商量好的，今天穿了情侣装来，老高听了，搂着付璐璐大笑起来，样子十分可爱。

我陪他穿过教学楼的门厅，来到了学院教学楼一层的四季厅。电影学系主任、电影研究所所长、博士生导师王志敏教授，电影学系副主任、电影研究所副所长、博士生导师杨远婴教授，早已经在现场等候，我向高仓健先生一一作了介绍，他们握手致意问候。这次的学术讨论由电影学系的讲师李彬主持，作了一个简单的开场以后，就直接开始了比较专业化的讨论和问题研究，下面递条子的人也非常踊跃，由于问的问题比较专业化，所以，问题提出以后高仓健都要低头沉思一下才开始回答，我在边上细细地观察他，他确实是在思考怎么样地回答，看起来，他的样子并不轻松。

整个交流过程，教学楼一层的四季厅始终非常的安静，只有偶尔的相机拍照的声音。学术交流以后，我们按照计划安排，访谈后准备参观学院的教学设施以及表演系、美术系、摄影系。

老高在往教学楼外走的时候，还在思考刚才交流中提问的问题，他对我说："今天的讨论和提问非常专业化，真的，这是我所想象不到的，我认为这是我所遇到的提问和讨论最为专业的问题。"我马上说："当然，这些问题都是《学报》和电影研究所的教师及学生认真准备的，他们在学院的主要研究领域就是世界各个国家的电影史和理论问题，所以，今天的讨论与昨天是完全不一样的风格。""在日本，我都没有遇到这么专业化的问题，看来，我还是需要更多地了解日本电影。"

"表演系是我们学院每年报名考试人最多的系，是学生最多，学生最漂亮，人才也出得最多的系，学生学习很有特点，专业性也比较强，学生在学习的时候，也有比较大的竞争压力，他们的教学看似非常活泼多样，但是，其中的科学性非常明显，要求学生除了具备比较好的素质以外，还要有刻苦的学习精神。"我对老高介绍着情况。

来到表演系，系主任陈浥教授已经在门口等候。首先，参观了表演系的形体课，三十几个学生在教师的带领下，在进行形体的韵律操训练。陈浥教授介绍说："学院的表演专业教学主要包括几个方面，声乐、台词、形体（舞蹈、武术、军事）、表演及电影的其他专业知识，学生毕业的时候，除了完成一个大戏的排练以外，还要进行一些电影和电视剧的艺术创作。"老高在形体房看得非常认真，甚至提起当年他在日本东京演员训练所学习的时候，教师让他学习跳芭蕾舞，他没有办法完成，非常懊恼。"看到今天的学生可以在这么好的学习环境中学习，真是羡慕，希望你们加油、努力。"在我的建议下，高仓健先生与任课教师及全体上形体课的学生合影留念。随后，我们又来到了本科班观看表演教学。高仓健先生首先听取了表演系副主任崔新琴教授对该教学情况的介绍，学生在排演关于老北京方面的戏，态度非常认真，效果也非常好。看完以后，高仓健先生站起来说："谢谢，努力，祝你们成功。"并且和全体学生合影。

我们准备走出表导楼的时候，一个戏剧性的事件发生了，高仓健突然离开我们，在门口的警卫值班的地方，随手抄起一个墩布，在地上认真地墩了起来，一边墩，一边嘴里说着："学习雷锋做好事。"逗得我们哄堂大笑，我忙举起照相机，连续拍了几张。我说："老高，表现不错，但是，别干了，否则人家觉得我们电影学院刚刚聘任了你这个教授，是专门让你打扫卫生的。"墩了几个来回，老高笑着收起了墩布，对我说："不好意思。"

出了表导楼，一个学生已经拿来了《千里走单骑》的海报，请求高仓健给签一个名字，高仓健爽快地答应了，就在一个汽车的前发动机盖子上把这活儿给干完了。这时张艺谋工作室的工作人员过来对我说："张院长，老高说他有点累，下面的参观活动他不想继续了，并表示非常抱歉。"我说："行，关键是我们将要参观的摄影系，是张艺谋导演上学和学习的系，而且，有张艺谋导演用过的摄影机和张艺谋当年拍摄的照片原件及他手写作业的原件，这是平常任何人也看不到的文物啊。遗憾，但是，给他留点遗憾吧，下次来的时候再看吧。"

我们和高仓健分手的时候到了，他送给我几本书，有的是他自己写的，有的是关于他的影片的书，并且，在书上都签上了名字。我们握手道别，约定请他再来，我说："你以后只要是来中国，就要来学院，来学院讲课，因为你已经是北京电影学院的教授了。"车转弯了，老高的学院之行结束了，他给学院的学生和教师留下了深刻的印象。

时光荏苒，转眼就是3天的时间，过得非常的快，在我看来，高仓健先生其实真没有什么架子，是一个比较随和的人，为人也比较谦和，不了解高仓健先生的人，常常会对他那种无表情的表情产生误解，开始的时候，都会以为老高是一个冷峻傲慢的男人，其实大家的这种印象都是因为他在电影中所扮演的角色造成的印象。高仓健先生说："电影就是这样一个东西，他可以改变别人对你的看法，你会在电影中得到很多，也会失去很多，甚至是产生极大的误会。"

老高在学院的这3天里，我们陪同他一行活动，感受到了作为一个男人应该具备的品格和风格。我和老高约定，下次再来北京，再来北京电影学院。

做事先做人 / **高仓健**

高仓健的形象是我们从他在日本电影塑造的众多人物形象中认识的,凡是看过他的电影的人,都在脑海中形成了深刻记忆,他几乎是男子汉的象征和硬汉的代言人。其在日本电影《幸福的黄手帕》《远山的呼唤》《追捕》等电影中饰演的角色、塑造的银幕影像,跨越了国家和民族,在形象和气质以及精神上影响了我们很多的年轻人。

在全国“两会”期间,在政协十届三次全体会议期间多次往返驻地和会场的车上,我与张艺谋在聊一些会议的话题和其他的闲事,我无意中问起张艺谋在滇拍摄电影《千里走单骑》的情况,原来也只是想在影片的剧本、故事、主题、人物以及拍摄技术、艺术上讨论一些东西,结果,话题一谈开,竟也无法停住,我们谈及了电影《千里走单骑》之外的一些鲜为人知的话题。张艺谋似乎更愿意讲高仓健在工作和生活中的为人,高仓健在拍摄电影期间的处世方式,以及高仓健在与摄制组合作过程中的事件细节。张艺谋特别谈了他对高仓健的一些感受,竟然成为了我们津津乐道的谈论主题,真正深刻体会了做事先做人的道理。听了张艺谋讲述的一些高仓健的事情以后,也让我们感慨颇多。电影《千里走单骑》现在已经上映,但是拍摄过程中发生的一些事情,高仓健的所作所为,使我们从另外一个方面了解了高仓健的“整体形象”。下面的一些小事令我记忆深刻。

张艺谋眼中的高仓健

高仓健的从影，几乎跨越了日本电影发展的几个阶段，可以说是日本电影界的重磅人物和“长青之树”，而这次电影《千里走单骑》的拍摄，能够邀请他加盟，与中国电影摄制组合作，与张艺谋合作，在中日电影演艺圈内，引起了极大的关注。这种合作完全是高仓健和张艺谋的友情之约、专业之约、世纪之约。

张艺谋讲道：“了解一个人，只有在和他共事的过程中，在他对人的态度上，在对待事情的细节上，才可以真正地认识他。特别是这次我们摄制组的合作，大家认为高仓健的为人、处世、敬业、做事，令人敬重。”高仓健的言行，给张艺谋导演和摄制组全体人员留下了深刻良好的印象。

张艺谋回忆起影片拍摄的过程和对高仓健的评价，充满了敬重和欣赏：“他真的很古典、忠厚，完全是一种东方的贵族和侠义精神。永远是谦虚、沉默、细致、苍凉、义气、宽厚、忍让、敬业、忠诚。他的做人原则永远是无微不至，面面俱到，永远是滴水之恩，涌泉相报。他对自己从事的专业（事业）永远认真地对待，对所要完成的事情，永远细致地做好每一个环节，真的是在用心境和情感来做好每一件事情，他不是在摆一种架子和样子，也不是在做给别人看，而他完全是真心投入地在做好任何事情，做给自己，做给这个职业，对自己在精神与肉体上的严格与苛刻是我们所有人都想象不到的，也是我们无法理解和值得学习的。”

高仓健虽然是电影巨星，但是在电影拍摄过程中的为人，使中国摄制组的工作人员看到、知道、体会到这样一个非常令人景仰的日本著名电影演员，是怎样地对待电影、对待人、对待同事，怎样对待生活，怎样摆正自己的位置的。其结果令另所有的人钦佩他，全组都亲切地称高仓健先生为“老高”。

圣诞节礼物

《千里走单骑》影片的拍摄，一直非常紧张，拍摄计划安排也非常科学，所有的拍摄过程都掌控在计划之中。圣诞节前夕，高仓健在完成他的部分戏拍摄间隙，也由于公司事务和一些特殊的原因，必须安排时间回日本处理一些事务。摄制组对高仓健的拍摄部分进行了精心的调整,以便腾出时间,也是想让他有一个时间充分地休息。高仓健是一个东方男子汉的象征,表面粗犷的他,其实内心是一个非常细腻的人,回到日本以后,他特意到商店给每一个摄制组的人员购买圣诞节礼物。他带着助手,自己则在商场外的车里进行电话指挥,让助手在商店里亲自购买,3 个多小时的“购物”过程一丝不苟。当他从日本返回中国的时候,给摄制组的每一个工作人员送上了一份圣诞节的祝福和礼物,令所有摄制组的人为之感动。看来苍凉、宽厚、忠诚的男人的心也是肉做的,也可以做到体贴入微、无微不至、对人关心备至。

打伞送手表

云南,西南的重要边陲城市,由于地理位置的关系,海拔比较高,太阳的紫外线特别强烈,很容易在不知不觉中,就晒黑了演员的皮肤。摄制组经常到外景地拍摄,现场也经常是太阳直接照射,天气特别的热,长时间的阳光与高温,影响到了保持高仓健肤色的完整性,直接影响到拍摄。所以摄制组决定,派专门的工作人员在拍摄现场跟随给高仓健打伞遮阳,以保证皮肤不被晒黑,保持影片人物的皮肤颜色的统一。由于摄制组的这一决定,对高仓健产生了极大的震动,工作人员每天无微不至地服务,也非常令他感动,结果是几天工作下来,保证了拍摄工作的顺利进行。高仓健为了感谢这名工作人员,就把自己的手表摘了下来,送给了这名为他打伞的工作人员,使这个工作人员非常感激。

拍摄站立工作

按照电影拍摄的工作惯例, 在电影拍摄现场应该有若干把固定的工作椅子,甚至在上面写上名字,保证一些演员、导演和工作人员在拍摄的过程中进行讨论问题和休息,高仓健作为日本的大明星,年事已高,但是,万万没有想到他在现场拍摄竟然选择了站立的工作方式,就是说,除了拍摄内容需要坐着以外,无论是在等候、讨论、拍摄的过程中,他都在现场站着。这样做对一个年近古稀的老人来说,不是在作秀,而是表达一种工作的态度，表达一种对工作认真的精神，他的这一选择和举动，致使全组的工作人员都毫无准备和措手不及，这样一来，摄制组一改过去的工作方法，现场少了许多椅子，连导演监视器前面也不用放置椅子，张艺谋导演也站着说戏、导戏和进行工作。摄制组所有的工作人员都是在站立的情况下工作，形成了张艺谋摄制组前所未有的工作局面。开始大家和导演还不太习惯，结果后来也就习惯了。

到现场速度最快

在现场的时候，导演、摄影、美术、照明要进行反复地讨论，对所设计的镜头进行不断地调整，确定最终的拍摄方案，然后摄影和照明部门要对演员的表演区域和行动路线进行布光，然后请替身演员试几遍，才叫演员到现场正式开始拍摄。一旦遇到这种情况的时候，导演组就请专人叫演员到现场进行拍摄，总是高仓健到达现场的时间最快，基本上是在 5 分钟内赶到，甚至他到达的速度让人有些出乎预料，遇到这种情况多了，大家自然会有一个横向的比较，由衷地敬佩高仓健这种对工作的认真态度，敬重他只要是在拍摄地工作现场，就一直保持着这种认真、负责、敬业、严谨的精神。

中医按摩师

高仓健作为一名演员，在摄制组中是一名长者，对全组的人来说，最为感动的是他所有事都努力自己亲力亲为，并且不管每天工作时间多长，都尽可能做得尽善尽美。有一天，由于拍摄，高仓健不小心崴了脚，为了能尽早恢复和不影响拍摄工作，摄制组专门为他请了一个专业骨伤按摩师，在一天拍摄工作结束的时候到他的房间，为他进行按摩医治，从中医的角度为其减少痛苦和尽快恢复。在这个时候，张艺谋导演由于拍摄的艰苦和劳累，也不小心把自己的腰背扭了一下，这样这个按摩师就在摄制组的安排下，给高仓健做完按摩医治后，也给张艺谋导演进行按摩医治，摄制组在安排上，也尽量避免时间上的矛盾，更不想让高仓健和摄制组的其他人知道。结果，在医治的过程中，还是让细心的高仓健给知道了，当他知道这一情况后，他就坚决表示不再让医生为其按摩医治了，而坚持让医生专门去为张艺谋导演进行医治。

汽车回报

《千里走单骑》在云南拍戏的时候，由于地处西南边陲的缘故，路途和路况不是太好，汽车成为了保证拍摄的重要交通工具，为了送达工作人员，保证拍摄顺利进行，也为了工作和生活上的方便，摄制组和张艺谋导演决定把他自己在北京的公司使用的汽车，特意从北京开到云南，专门供高仓健在拍摄期间往返乘坐。当高仓健在乘坐了一段时间以后，细心的他知道这是摄制组制片主任和张艺谋导演亲自决定和安排的，从内心里感激，他默默地记在心中。当《千里走单骑》在云南的拍摄任务全部完成以后，摄制组一行人马转场到日本进行最后少部分场景拍摄的时候，高仓健则滴水之恩，涌泉相报，专门为了摄制组和张艺谋导演在日本期间的拍摄购买了一辆最新款式的奔驰汽车，而且配备了一名专职司机跟随摄制组工作服务，供张艺谋导演在拍摄期间乘坐。

现场探班

演员在电影的拍摄过程中，一般由于化妆、服装、熟悉台词等各种各样原因，很少在拍摄自己的戏前和拍摄完成自己的戏以后再在现场停留，而是抓紧时间卸妆、熟悉剧本和人物或者是尽快休息。但是，高仓健在没有自己戏的时候，却经常到拍摄现场探班，在边上静静地观看摄制组同行的工作和拍戏。他经常是自己悄悄来到现场，从来不打扰张艺谋导演和任何人，远远地在现场观看张艺谋导演和其他演员的拍摄，看工作人员的各种各样的工作状态，完全是以一个电影人的心态关心这个摄制组的拍摄，在观察和学习这些中国的同仁是如何工作的。他往往一待就是很长的时间，更不在现场发表任何的意见，然后，才默默离去。

尽孝敬母

高仓健无论是来北京住钓鱼台国宾馆，还是在云南的拍摄外景地，他下了飞机，都要让摄制组的工作人员为他选购鲜花放在驻地的房间，并定期更换。张艺谋导演讲，高仓健有一个鲜为人知而且特殊的习惯，他拍摄每到一地，进入驻地房间以后放下行李的第一件事情，就是将他母亲的照片供奉在房间的一个特殊的位置，并且放置一束鲜花。然后，经常是鞠躬叩拜，深深致敬，表达其对母亲养育之恩的报答和尊敬。这一习惯，无论是在日本本土拍戏，还是在世界各地，乃至在南极拍摄《南极物语》和在云南拍摄《千里走单骑》都保持着。张艺谋导演由于这次相处的时间长了，才从高仓健身边最贴近的助手那里了解到这一情形，并在影片拍摄完成以后去拜访送行时在房间内亲眼看到，令张艺谋为之敬佩和动情。高仓健这一举动，表达和反映了他在今天仍然保持和遵守着孝道的古老传统和美德，给我们一种无言的感动。

张艺谋是一个孝子，对父母一直是关怀备至，近些年来，张艺谋导演在拍摄电影的时候，无论是国内、国外，总是将母亲带着一同前往，在排解母亲的孤独与挂念的同时，安排专人陪伴老人，看摄制组拍戏和游览祖国的名胜。《千里走单骑》在云南的拍摄，张艺谋导演一如既往，作为中国的著名电影导演，张艺谋导演的这样做法，高仓健看在眼里，内心感动不已，特别从心中对张艺谋导演更加敬重十分，每当张艺谋的母亲来现场看儿子拍摄的时候，高仓健总是表现出敬意，经常在拍摄现场搀扶张艺谋的妈妈，照顾有加，表达出东方传统文化中的尊老敬老的优秀风尚。

感人至深

在云南拍戏的时候，有一场戏是在监狱里进行拍摄，剧中的故事是讲：高仓健饰演的剧中人物来到监狱看望一个犯人，这个犯人想见自己的儿子，于是高仓健想帮他把儿子带来监狱，看望一下父亲，这个儿子不答应，也不肯来，高仓健先生就拍摄了一些照片，带给他看。拍摄的时候，剧中要求监狱中的犯人配合演戏，而且要求他们配合感动的表情和哭的镜头，开始拍摄很难，但是，在全体工作人员的努力下，最终还是拍摄完成了。当拍摄完成以后，在监狱队长的带领下，一些参加拍摄的犯人排队请高仓健签名，高仓健非常认真地为他们逐个签上了自己的名字。最后，在全体犯人的面前，高仓健先生说："仅仅是在这里两天的拍摄，我对你们有了一个深刻的了解，我希望你们能在这里好好地生活和改造，及早地回到社会里来，我们期待着。"说到这里，讲话的高仓健先生自己已经是热泪盈眶，下面的犯人也已经是感动不已，泪流满面。在场的摄制组的女性工作人员，也已经是为眼前感人至深的场面感动得流下泪来，低声痛哭。

指导排戏

影片《千里走单骑》剧中的女演员，是北京电影学院文学系的日本电影史研究方向的硕士研究生蒋雯，她的本科专业学习的是日本语，这次有幸被张艺谋导演选中参加这个影片的拍摄，与高仓健一同演戏。她回忆说："高仓健先生作为一位那么著名的演员，真的是一点架子也没有，特别平易近人。而且他真的是一位特别谦虚、和蔼的绅士，我和高仓健先生第一次见面的时候，他一点大明星的架子都没有，我们在一起吃饭的时候还为我拉椅子，太绅士了。"影片快要准备开始了，高仓健先生关心地询问蒋雯："你记住台词了吗？拍摄还有什么问题吗？"蒋雯担心地说："我是第一次拍摄电影，没有经验，请您多多关照，我还是比较紧张的。"高仓健先生就让蒋雯来他的房间，细心地为她指导，甚至为她排戏和对台词。随组的翻译说："蒋雯，你太幸运了，高仓健先生在日本，这可是从来没有过的事情，很多女影星想让他辅导一下演技都没有机会，而且高仓健先生在日本上一次表演课要几十万日元呢。"高仓健先生在给蒋雯指导排戏和台词后对她说："你到日本以后，千万不要跟别人说我给你辅导排戏和记台词，我会被她们埋怨的。"

深情注目送行

中国古诗云："相见时难别易难。"摄制组在日本的部分戏的短暂拍摄结束了，当全组离开下榻的日本饭店时，大家纷纷在饭店大厅与所有前来送行的日本方面的摄制组工作人员一一话别，感谢他们对摄制组在日拍摄的方方面面的关照，也表达中日电影人之间这种深厚的友谊。高仓健也知道大家离开饭店的时间，但是，他没有去大厅与大家话别，也没有在众多人面前打扰大家,而是自己独自早早到达饭店的地下停车库,在那里悄悄地等候全体摄制组人员的上车离去，当大家在地下停车库分别登上开往机场的大巴的时候,高仓健就在车库一边远远地为大家注目送行,当摄制组有人发现了高仓健的到来，发现了他的这一举动的时候顿时激动不已,令全体摄制组的女士潸然泪下,令全体男士由衷地敬佩和尊敬。

季羡林

季羡林，1911 年 8 月 6 日出生于山东省临清市康庄镇。著名古文字学家、历史学家、翻译家、佛学家、作家，精通 12 国语言。

他 1930 年进入清华大学西洋文学系。1935 年 9 月，清华招收赴德研究生，为期 3 年，季羡林被录取，10 月入德国哥廷根大学学习，1936 年春，季羡林选择了梵文。季羡林在哥廷根大学梵文研究所主修印度学，学梵文、巴利文。季羡林师从“梵文讲座”主持人、著名梵文学者、印度学家 E.瓦尔德施米特教授，他学习刻苦，异常勤奋。1941 年获哥廷根大学哲学博士学位。后曾师从语言学 E.西克研究吐火罗语。1946 年从德国留学回国，被聘为北京大学教授，创建东方语文系。1954 年、1959 年、1964 年当选为第二、三、四届全国政协委员。1956 年当选为中国科学院哲学社会科学部委员。1978 年任北京大学副校长，曾任中国社科院南亚研究所所长、国务院学位委员会委员兼外国语言文学评议组组长、第二届中国语言学会会长、中国外语教学研究会会长、中国民族古文字研究会名誉会长、第 6 届全国人民代表大会代表和常务委员、《中国大百科全书》总编辑委员会委员和《语言文字卷》编辑委员会主任、中国文化书院院务委员会主席等等。

专业学术著作众多，作为翻译家，他的译著主要有《沙恭达罗》《五卷书》《优哩婆湿》《罗摩衍那》《安娜·西格斯短篇小说集》等。作为作家，他的作品主要有《天竺心影》《朗润集》《季羡林散文集》《牛棚杂忆》等。其著作已汇编成《季羡林文集》，共 24 卷。

季先生长年任教北大，在语言学、文化学、历史学、佛教学、印度学和比较文学等方面都有很深的造诣，研究翻译了梵文著作和德、英等国的多部经典，20 世纪 80 年代后期以来，季先生对文化、中国文化、东西方文化体系、东西方文化交流以及 21 世纪的人类文化等重要问题，在文章和演讲中提出了许多个人见解和论断，在国内外引起普遍关注。

我也要活到 120 岁 / 季羡林

季羡林先生，北京大学教授，东方语言大师，一位外表朴素、内心平静而且和善的老人，在学术界和教育界却是如雷贯耳的人物和泰斗。

季先生的成长，伴随了 20 世纪中华民族及其学术文化的兴衰发展和荣辱历程。他出身于一个农民家庭，早年有读过私塾的经历，使得他打下了比较扎实的基础，随后他考入清华大学学习德文，清华毕业后，于 1935 年考取赴德研究生，入德国哥廷根大学学习梵文、吐火罗文、巴利文，并于 1941 年获得哲学博士学位。

学生对尊师的态度永远是应该敬仰。季先生的学术研究，跨越了哲学、语言学、历史学、文化学、中国文学、比较文学、文艺理论等学科专业，其研究的专业领域涉及东西方文化、历史、哲学、语言等诸多学术领域，并在每一领域都取得了比较优异的成绩，许多学科取得了非常重大的成就。他凭着顽强的毅力在文学方面进行创作，在语言学方面进行教学和研究，从 20 世纪 80 年代开始，他就极力倡导进行国学研究，进行东方文化研究，进行中国文化传统保存，进行中国古代典籍的抢救、保存和弘扬工作，如主编大型文化丛书《东方文化集成》，积极推动和参与两部巨型丛书《四库全书存目丛书》和《传世藏书》的编纂与出版。季羡林先生晚年的时候，在从事教学和学术研究的同时，也参与了其他许多具有重大社会意义的文化活动，在学者中树立了比较好的典范，在社会、学界引起了广泛反响。

季先生是一位国学大师，我们也称之为一代宗师。他既是西方文化的研究者，又是东方文化的捍卫者；他既是中国传统的潜心研究者，又是中国文化的发展者。对于我来讲，季先生真是一位令人神往和激动的人物，一是他不是一般人想见就可以见得着的人；二是那么大的一位教授，学问极高，著作等身，会好几国语言，那得有多大的本事；三是所研究的学问，我们了解精通的人并不多，而且用一句两句话也说不清楚。

阅读是一种享受。季羡林先生的纯语言学的专业著作，我没有详细地拜读，但是他亲笔签名送给我的一些散文集，对我的震动特别大，关键是老先生的文字结构和文字风格实得不能再实了，近乎于口述文字表达，浓缩了他人生的感悟和经历。所讲述和讨论的问题，不仅仅是个人生活历程的总结，也是他对世界的思考和感悟的结果，看完以后，给我们更多的是回味和感动。

在我有限的记忆里，季羡林先生最早是以“东方语言学”研究而著名于世，其对东方语言学的研究，对亚洲和东方文化的崛起及被世界认同起到了重要推动作用，其学术主流价值的认可，成为我们进一步研究相关语言文化学的一种主导力量，甚至，使得我们越来越故步自封的语言学研究和历史学、文化学研究态势和沉闷局面变得活跃起来。从季先生早期的散文和随笔中，我们可以感受到中国古典文学的内敛和透明，感受到中国散文所追求意象的美丽和平静。而其后来的散文作品，涉及的题材领域十分广泛，更多的是写人生的经历和感悟，写得淡而有味，凝而不滞，弥蒙和延漫着一种大智若愚、智者魅力的基调。作者的心境是汹涌澎湃的，文字表达是宁静柔和的，有一点中国传统绘画中山水画的风格和味道。完全没有泥沙俱下的浮躁，没有精神恍惚的躁动，没有学风缥缈的喧嚣，一反一些散文和诗歌作者的反叛性和先锋性，在文化底蕴上表达一种精神思想的前卫，表达一种学术研究的潮流，显现个人时尚的追求。

令人欣赏的是，季老先生已经取得了如此巨大的学术成就以后，仍然在繁忙的教学、学术研究和社会活动之余，坚持几十年辛勤笔耕，不断进取，从事散文创作，取得了很高的文学成就。文学实际是一个人精神世界的外延，其最高境界是质朴，季先生的作品就达到了这个精神享受的境地。看季先生的散文就犹如在享受着自然界的春风，沁人肺腑，其风格则表现出一种质朴和大雅，平易不失典雅，率真不乏聪慧。其许多的作品，可以成为世纪的经典，成为了各个院校大学生的必读书目。读之我们可以反思文化和历史，可以作为我们对历史的重读，可以作为对历史的认识，可以对照历史观察社会，重要的是，许多作品同时还具有更多的文学价值。

比照现在的一些作品，我们发现那时的社会和其作品是那么的平和，没有浮躁，没有功利，表现出来的是深刻和隽永。在当前社会上普遍存在的忽视人文学科教学和研究的情况下，在各个大学忽视大学生读书习惯的浮躁现象之下，产生了社会观念、文化观念的巨大变化，北京大学的一些学者和季羡林先生多次呼吁政府和社会应该重视和加强大学生的人文学科教育，应该加强大学人文教育的教学普及工作。在季先生及其北京大学著名学者冯友兰、张岱年、朱伯昆、汤一介等的共同发起下，开办了中国文化书院，季先生继著名思想家和社会活动家梁漱溟之后，出任第二任北京大学中国文化书院院务委员会主席。通过各种各样的国内学术活动及国际性学术交流活动，对中国传统文化进行研究，对学生进行必要的中国传统文化教育，旨在继承和发扬中国的优秀文化，传播中国的历史、文化和传统，通过对外的交流和对内的海外文化研究，提高我们对自身中国传统文化的理论研究，并促进中国文化的现代化。我作为书院的一位导师和教授，浸透在学术的氛围中，感受到的是各位学者的魅力。

我常常在想，是不是学问做到季羡林先生这个程度，就算是“返璞归真”了？就“大彻大悟”了？就是“登峰造极”、“修成正果”了？正如我们经常表述的：什么叫做学问？把最简单的事弄成最复杂叫做学问，把最复杂的事弄成最简单也叫做学问。甚至，我想是不是让现在所有大学学习文科专业的研究生、本科生，先精读一下季老先生的文章，学习一下季老先生的文风，“洗一洗”做学问的脑子，以改变我们目前的一些学者和学生的“不正常”的学术风气。现在的那种“引经据典”、“堆砌辞藻”、“名词乱飞”、“不知所云”、“空洞乏味”、“不切实际”、“剽窃抄袭”、“断章取义”的写作方式，实在是让人们反感，这种学术研究中的文字“通货膨胀”，不仅仅没有引起人们的学术关注，也反映不出其真正的学术研究水平，更让人瞧不起。其实，最大的悲剧是：这些人还没有意识到这是一个已经危害到自身学术名誉的问题,不以为耻,反以为荣。

季羡林先生的散文、札记我看过一些,涉及的题材、领域、问题极其广泛,著述极其丰富,文字的感觉是老先生思路十分清晰,一气呵成,最具规模、最成系统、最具本色,可以品味到那个年代的历史事件和人文关怀,显示了其在创作上、文字记录上的实绩,也使我们对他过去的学习、生活、工作有了全面的了解和回味。甚至,好多可以拍摄成为电视散文。从学术的角度,季先生的著作是一个文化现象,是一个永远的国学研究话题。

新千年初的 2001 年,北京大学中国文化书院做了一件让中国学术界震动的"事情"。为了拓展中国文化书院的学术研究,更是为了隆重纪念教师节,北京大学中国文化书院与北京电影学院、广州南方高科有限公司策划了拍摄两部关于宣传中国传统文化和纪念教师节的电视公益宣传片。旨在弘扬中国传统文化,倡导尊师重教,呼吁全社会重视道德和人文教育,宣传"尊师重道,薪火相传"的传统美德。

作为一位著作等身、涉猎领域广博、学术造诣精深的语言学家、翻译家和散文家,季先生在长达六七十年极富创造力的学术生涯中,为世界创造了宝贵的精神财富,在学术界、教育界、文化界赢得了崇高的声誉。眼看他 90 岁的生日快到了,如何过好这个有意义的生日?北京大学中国文化书院、北京大学中国哲学与文化研究所与广州南方高科有限公司决定诚邀季羡林先生拍摄一部公益广告,并开展一系列文化学术活动。最初设计这个方案时,谁都没有把握,因为季老先生的名望实在太高了,他一生著作等身却淡泊名利,谁能请得动他呢?可是,没想到这个方案辗转向季老表达后,他欣然应允,并表示只要是对社会有意义的事情都可以无偿地去做。这一被季先生欣然接受的举动,在学术界、影视界、教育界和媒体方面产生了巨大的影响。

该电视公益宣传片的五个最大的热点是:用 35mm 电影胶片拍摄及同期录音并转数字磁带制作;由广州南方高科有限公司出资;90 岁高寿的季羡林先生要亲自出演并分文不取;北京电影学院组织精干的制作队伍来拍摄完成;电视宣传片将于教师节期间在中央电视台播出。

2001 年 4 月 15 日,丁石孙、启功、梁从诫、汤一介、庞朴、王尧、田壮壮等许多教育界、学界、电影界的名人聚集在一起，既参加季羡林先生 90 岁生日纪念活动，也为季羡林先生电视专题片及公益宣传片开机仪式的发布会捧场。记得那天开会时间是下午 4 时多，北京友谊宾馆贵宾楼的多功能厅里热闹非常，一片欢声笑语，相互问候和祝福声四起。在 90 支烛光里宣布了季羡林先生同意拍摄该电视公益广告的消息。

在祝寿活动中，季老精神格外饱满，思路非常清晰。他简短的即席发言幽默风趣，引得在场宾朋发出阵阵欢笑。季老在发言中戏称："我自己快成了祝寿专业户了，从去年就开始，因为是自己的虚岁 90 岁，已经进行了 3 次祝寿活动。今年这是第一次，不知道以后还会有几次。感谢大家的祝福，不过，这并没有什么了不起的。"当在场的人们问起季老长寿的秘诀时，他说："自己想吃什么就吃什么，不限制自己，大脑每时每刻都在活动，从不闲下来。每天坚持上午写东西，下午会客。不过，来拜访的客人已经对我来说太多了，多得超过了我需要。在今年春节，我拜访我的老友 96 岁的臧克家时，臧老称他要活到 120 岁，所以，我今天也宣布，我自己也好好锻炼，也要活到 120 岁。"

随后，北京大学的汤一介教授、王首常教授，复旦大学的钱文忠教授（季羡林先生的研究生），北大图书馆的张军老师和我开始为其拍摄的电视公益宣传片进行文化定位、精心策划和拍摄脚本的写作。经过缜密的研究，决定由北京大学中国文化书院与北京电影学院联合制作，希望两所院校能为两部电视公益宣传片的拍摄在文化品位、脚本写作、技术设备、艺术创作、整体策划、专业支持、人员组成上有最好的支持。最后，确定我和时任北京电影学院表演系副主任的陈浥副教授担任导演，我担任摄影师，摄影系副主任、著名照明师蔡全永副教授担任该片的照明师，录音系甄钊副教授担任录音师，组成摄制组参与全程的拍摄，由于是 35mm 电影胶片的广告制作，技术设备用学院的德国 ARRI-535 型（可以同期录音）电影摄影机和相应的同期录音机进行拍摄。考虑到季老的身体状况，我们已经准备了好几套应变方案，力争保证制作的水平，使之与季老的声望相匹配。于是，北京大学、北京电影学院这两个不同学术领域的专业人员，由于这件命题"创作"而强强联合到一起。

季先生出演电视公益宣传片在我们国家是一个很大的创举，在北京大学也是一件挺大的事，特别是从宣传中国传统文化和传统道德的角度进行定位，让人充满了期待和祈望。改革开放以来，尊重知识、尊重人才、尊重教师已经蔚然成风，而且，在教师节之际，宣传中国文化的精髓和对教师的祝福既具有深远的历史意义，也具有现实意义。

记得我们在讨论该电视公益广告片的过程中，季先生也曾经提道："现在我们国家整个的社会现实和教育情况是重理轻文。我常常在想一个问题，有中国特色的社会主义，特色主要表现在什么地方？科技方面表现中国特色比较困难，为什么？因为我们与发达国家比还有一定的差距。你就是站在世界第一，也不是中国特色，那第二的国家可以很快地赶上你。要真正表现特色，还是得靠文化基础、文化底蕴。"

北京大学的著名学者汤一介教授也谈道："我们的作品不仅仅是一般的宣传，一定要有文化的内涵，表现中国历史和文化的博大精深，总结中国历史和文化的精髓的东西，用以指导我们今天的行为规范。"

中国文化书院副院长王首常教授在分析了众多国外和国内的电视公益宣传片以后指出："这个公益片对我们民族文化的传承意义重大，我们必须表现其人类最真挚的东西、最真挚的情感，这样才能在人们的脑海中留下深刻的印象，在表现和歌颂过程中诉求我们的主题。"

在讨论的过程中，我也提出："我们现在拍摄公益广告，就是要在精神主题上十分明确，因为，我们还没有纯粹反映宣传中国传统文化和尊重教师的东西，所以，广告的形态、风格、主题、影像、定位语都要体现其历史性和文化性。"

随后，在总体制作构思的基础上，写作小组的我和张军很快拿出了最初的电视公益宣传片的文案设计讨论稿。

最后，我们对两个方案进行了比较大的综合，对解说词进行了比较大的调整。经过讨论确定的《爱母亲，爱祖国》篇的公益宣传片拍摄，其场景我们主要选择在了北京大学校图书馆、季老家的书房、办公室、季老居住的宿舍楼和楼前的树林、荷塘和北京大学的未名湖畔，这样既体现了环境的亲切和书卷气，也符合季老的身份和职业，简洁中带有文化品位。这个公益广告片感人点，是用教了六十多年书，已经90岁的季老先生的形象和语言，表达对他的母亲和他的老师们的怀念，从而表达我们对学者的尊敬，提倡中国人尊师重道，薪火相传的传统美德。

为了保证同期录音的效果，在拍摄图书馆的场景那天，特意选择了星期天，图书馆的借阅馆没有对外开放，显得十分安静，只有几个值班教师配合我们工作。我们的电影设备、摄影机、镜头箱、灯具、镇流器、电源线、移动车、移动轨、升降车、录音车等及其附属设备铺了图书馆的走廊和房间满满一地，由于人员比较多，设备比较多，阵势显得比较大，季老来到现场看到了说："你们的这个阵势，我还从来没有见过，比他们电视台的东西要多、要复杂，而且，技术也不是一般人能干的，拍电影确实我还是第一次，让我见了世面。"

经过长时间的准备，我们的拍摄就开始了，前面的几个移动和升降的镜头拍摄起来十分顺利，大家有说有笑，气氛十分轻松、十分愉快，我们所有的人都夸季老是老演员，有大明星的风范。当我们在拍摄到季羡林老先生近景镜头的第一条时候，令我们万万没有想到的事情发生了，当季老说道："我出生在山东一个偏僻的农村里，1917年离开家，到济南求学，从1924年我就……"(同期录音)，突然语调哽咽了，眼睛看着镜头愣住了，台词说不下去了，上身一动不动，脸憋得通红，微微张着嘴，眼睛中充满了泪水。我们所有在现场拍摄的人都被这突如其来的景象惊呆了，更不知道发生了什么，茫然不知所措。当时我在掌机拍摄，我从电影摄影机取景器中看到这幕情景，以为是季老忘记了台词，但是，就是这样，我的摄影机也没停机终止拍摄。当时在拍摄现场的北京电视台纪录片摄制组的几位记者也没有停机，一直坚持拍摄下来。由于突发事件的出现，拍摄因此而中断了。我们所有的工作人员不知道下一步该怎么办，也没有人敢过去劝季老，站在原地不知该说什么、该干什么。赶忙给季老端来水，季老这时赶紧拿出白色的手绢，去擦拭眼中的泪水，连忙说："对不起，真对不起，都怪我，一提到我的母亲，就使我想起了很多。"稍事休息以后，季老说："可以再拍了。"但是，我们心里清楚，季老如果还是说这句台词，一定还会勾起往事，还会伤心，很可能再一次拍摄不下去。所以，我们当时就讨论，认为刚才我们所拍摄到的东西太珍贵了，完全可以用，随后就决定这个镜头不再拍了。我们决定改变宣传片镜头的表现方式和叙事的结构方法，镜头到这个位置定格，我们用一些别的镜头丰富画面的表现力，然后接画外的解说词："再也没有见过母亲，这是我一生中永久的悔。"字幕：我爱我的母亲，爱我们的祖国。

季老的这个"偶然"事件，90岁的季老先生在提及母亲时不能自持地流出泪水，让我们看到他学问背后的情感世界。

为季老拍的《尊师重道，薪火相传》篇公益宣传片非常感人。片中，通过季老的日常生活、学习、写作等画面，表现一代宗师季羡林充满感情地怀念他的母亲和他的老师们——胡也频、胡适、陈寅恪、汤用彤、冯友兰、朱光潜，还有他的德国老师，从而提倡中国人尊师重道、薪火相传的传统美德。

第二天的清晨，我们在拍摄的时候，首先从季老的家门口拍摄开始。北京春天的早晨，阳光明媚，季老远远地走来，站在荷塘边的柳树下挥动双手进行锻炼，拍摄得十分顺利，只拍摄了两遍就通过了，大家都表扬季老是"老明星"，季老说："我差不多每天都要这样进行锻炼，但是没有你们这么麻烦，得走好几次，我自己的时候，非常自由，想去哪儿都行。但是，为了拍好，我听你们的。"

而后在拍摄季老在家中书房和办公室找书、看书、与学生讨论问题、伏案写作、教诲学生等镜头的时候，可能是适应了拍摄的环境和拍摄的程序，季老显得更为自然，无论有没有台词的镜头，季老都处理得游刃有余，轻松自如，还不时地提出一些建议，拍摄的镜头成功率特别高。都说拍电影、电视背台词难，连专业的演员记台词也不敢掉以轻心。季老不愧是教授，对文字的吐字发音及表达十分准确。拍摄前，在布光过程中和练习的过程中我还逗季老："这可不是电视，使用的是录像带，拍坏了，倒回来可以重拍，谁都没有心理压力，完全可以不负责任。这可是电影胶片，2秒钟就耗片1米，光是底片就值16元人民币。"季老笑了："我来试试，应该没有问题。"季老真不愧是教师，在拍摄写作和与学生交流的镜头时既生动又真实。

《尊师重道，薪火相传》篇公益宣传片最后完成的结果是——字幕：季羡林先生从清华大学毕业。季老的同期声音："67 年前我第一次登上讲台，55 年前我来到北大，我教了大半个世纪的书，我今年已经 90 岁了，我还总是忘不了我当年的老师。"片尾字幕：尊师重道，薪火相传。

在后来的拍摄和制作过程中，季老与我们熟悉了，我们在更近的距离上接近他、研究他、感受他。在季老以 90 岁的高龄参加拍摄电视公益宣传片，宣传中国传统文化的惊人举动之后季老又做了两件让我们"感动、震动和为之尊敬的事件"。其一，季老回山东老家祭奠祖先，给老母亲上坟；其二，将其全部的书籍及资料，捐给了北京大学。在这个过程中，北京大学中国文化书院和北京电影学院及相关的人员进行全方位地跟踪拍摄，采访了数十盘关于教育、文化、宗教、语言、学术、传统等方面的独家电视访谈，为我们系统地拍摄季老的纪录片和整理季老的视觉资料留下了宝贵的资料。在整个的过程中，我们发现，季老的心理年龄不但青春，而且十分有激情，对许多社会上的问题，都有独特的看法和想法，其叙述的出发点和视点既是学术性的，又是社会性的，以中国广大知识分子的成长与共和国血肉相连的命运变幻的角度去分析问题，有着对过去充满自豪，对当下脚踏实地、兴奋不已，对未来充满信心的胸怀，表现了一个中国老知识分子和老学者的生存价值和学术观点，如此扩充，如此坦荡，如此自信。

在制作的后期，我们在剪接和录音的过程中，仍然为季老的"镜头表现"所感动。我在后期的制作过程中，愿意将其真情的表现和流露看成是一代宗师的生命写作和集大成，看成是对教师精神内涵的表现，看成是在形象上、仪式上的尽情宣泄对中国知识分子的敬仰。由于我当时担任北京电影学院的教学副院长，觉得学院应该有一个类似于激励和鞭策师生的主题词，后来，我就萌发了想请季老给北京电影学院写一个"校训"题词的想法，我就找到季老，结果季老十分爽快地就答应了，经过我们反复地商量和细心地选择，结果还是选中了我们在拍摄公益宣传片时候所用的"尊师重道，薪火相传"这八个字。季老给北京电影学院的题词，用预示性、揭示性的语言进行哲理告白，其中跳荡着对中国传统的敬仰和情怀，串联起了我们内心的渴望和激荡，是我们学院未来整个教学活动、精神活动的浓缩和诗化，它具有和显示着现代意识。

后来，2004 年夏天在学院的教学楼前厅走廊的装修改造时，由学院美术系主任王鸿海教授和其他教师设计在了教学楼的天井景观中，选用一块上好的花岗岩，将题字雕刻在上面，刷上银色，然后是细细的水慢慢流下，衬以背景的翠竹，充满了诗意和意境。

现在季羡林先生不仅是国内的著名学者，也是世界级的著名语言学、文化学大师。今天，如果我们在网上检索有关季羡林先生的资料，输入关键词以后会有无数的报刊、文章、书籍的信息会涉及季老的学问、学术、专著，会涉及季老的方方面面，也仍然还有关于季老当年拍摄电视公益宣传片的报道。但是，我们会发现真正披露季老参与制作公益宣传片的详细资料和过程没有任何的报道，我清楚地记得，这次拍摄过程中的“事件”也仅仅只是在后来的北京电视台的专题栏目中有过一次报道，真是描述的东西太少了。

这次电视公益广告的拍摄，是季老主动而为的影像经历，我们的心已经为之感动，看到老人的从容与睿智，我们从心底产生敬意。拍摄本身给我们提供了一次观照作为学者的季羡林教授精神世界的可能，也更为我们展望中国遥远未来和我们自己的学习、心灵找到了一个可以放飞心境的港湾。

随笔写下这些，算是一份回忆。

钱文忠

钱文忠，1966年6月出生在上海，籍贯江苏无锡。

1983年未满17岁的钱文忠，突然对冷僻艰深的学问产生了兴趣，开始和季羡林先生通信，1984年他考入北京大学东方语言文学系梵文巴利文专业，师从季羡林先生和金克木先生，当时班上一共有8个人，最后只剩下钱文忠一人还以此为专业。大学一年级起，他开始撰写并发表学术论文，获"季羡林东方学奖学金"一等奖。20世纪80年代中期，留学德国汉堡大学印度与西藏历史文化学系，师从著名印度学家A. Wezler教授、著名佛教学家L. Schmithausen 教授、著名伊朗学家R.E. Emmerick教授，主修印度学，副修藏学和伊朗学。20世纪90年代，居家自修文史之学5年。1996年入复旦大学历史学系任教。现为复旦大学历史学系教授、中国文化书院导师、华东师范大学东方文化研究中心研究员、北京电影学院客座教授、季羡林研究所副所长、北京大学《儒藏》精华编纂委员会委员。著作有《瓦釜集》《末那皈依》《季门立雪》《天竺与佛陀》《国故新知》《人文桃花源》《玄奘西游记》《巴利文讲稿》，译作有《绘画与表演》(合译)《唐代密宗》《道、学、政》，另有资料编集与古籍整理十余种，发表各类论文一百余篇。

做传统学问，尤其是国学，钱文忠谨遵王元化先生的告诫:"不参加互助组，也不参加合作社。"学问要"从容含玩，沉潜往复"。他自己比较偏向于个人修为，做学问、教书、读书不过是个人的存在方式，至于如今流行"普及国学"、打造"国学大师"的做法，他的看法是:"其心可佩，其志可嘉;想法可笑，效果可疑。"

如果《百家讲坛》能让我传递这样的精神，我愿为此而死 / **钱文忠**

已经记不清第一次见到文忠是什么时候了。事情往往是这样，因为太熟悉，所以反而记不住是从什么时候开始的。那会儿，我由于在北京大学上课和任课或者是在中国文化书院谈一些文化策划及合作项目，经常在北京大学里活动。在北京大学见到文忠，哥儿几个介绍说他可不是一般人物，上学是在北京大学，后来出国学习，专业是研究东方语言学的，是著名学者、教授季羡林老先生的弟子（开始还不知道是关门弟子），因为我是学习电影的，所以当时在视觉上打死也不信，觉得他应该是一个学习外贸或者别的行业上的什么人，接触多了还是感觉出文忠的本质，对人非常和蔼和礼貌，没有毕业于著名大学，又是著名学者弟子的一些人的那种张扬和喧闹，那会儿我就暗地里说："北京大学卧虎藏龙，觉得更加证实了'人不可貌相，海水不可斗量'的说法。"

文忠同时具有南方和北方的特质：豪爽和聪明；热情和细腻；直爽和委婉；气盛和谦逊。当然如果让我评价，就还有别的：有钱、有车、有房、多情、重义、有学问、有品位、有朋友、有自己的生活准则，是一位当今中国有个性的大学教师。

在我的印象中，文忠永远是一个忙人，可能是他自己有意识给自己弄成这个样子，或者他本身就喜欢这个感觉。早几年，还没有在中央电视台开讲座的时候，他也是事情"巨多"，除了在复旦大学上课，也经常来北京开会、上课，不知道他是怎么应付的。我们都说他："有知识，有品位，人缘好，太随和，生活中不会拒绝，结果造成了自己忙得不可开交的局面。”我们那时为了拍摄季羡林老先生的公益宣传片和纪录片，到了上海也是抓不住他，见上一面也是不容易的事。现在的文忠来北京多了，但是，我们聚会得少了，多数是吃完晚饭，他也是很抱歉地说，他还要去见一个什么老师和朋友，我们也尽量不会打扰他，“人在江湖，身不由己”，他也不容易。但是，我知道他那鼓鼓囊囊的书包里，背的永远是杂志和书籍，他总是给自己确定一个目标，避免过于忙碌的行程、教学和各种杂事工作，影响了他的读书习惯和生活。他其实是一个喜欢安静的人，在谈话的过程中，总是在仔细地聆听，其实，他是在学习和思考，所以，他在学校上课的时候和中央电视台讲座的时候，就像开了开关的发动机，一开讲就收不住。

记得文忠在中央电视台开讲以后，在社会上有了不少的影响，但是，他仍然是原来的样子，安静、谦虚、随和，正所谓“江山易改，本性难移”，在我们说起关于他所讲的玄奘主题，问起我们应该再看点什么书的时候，他竟然给我们介绍了一些参考书籍，这些书籍记得有《玄奘大师研究》《大唐西域记今译》《玄奘论集》《玄奘哲学研究》等，还有一些相关的书，书名太多，不一一列举。当然，也还有一些当时在社会上比较前卫和比较畅销的书籍，反正是社科类的书籍比较多。我想，一个人如果没有读过那么多的书，没有比较仔细地阅读过的话，是不会如此娓娓道来的，感叹看书时积累知识与谈论时宣传知识的成果，以及产生的愉悦是无法用语言来表达的。

其实，我们在一起经常说：别人说你什么不重要，你还得该吃吃，该喝喝，该穿穿，该玩儿玩儿。你自己知道你是什么，你自己知道你该说什么，你自己知道你该干什么，这是最重要的。别人说什么文忠是“玩主”，我就说：“是了，又怎么样呢？”实际上每一个人，都有自己的生活状态，是自己选择的，别人没有权利去指责什么。

文忠最大的性格是不附庸风雅，走自己的路，做自己的事。中央电视台《百家讲堂》开讲品什么、读什么、感受什么，到了文忠这儿就一定不从，“宁折不弯”。文忠说过：“我觉得《西游记》是一部特殊的作品，它展现了中国人罕见的想象力，与真实的历史相距比较远，中国的观众大多只知道

《西游记》，知道《西游记》里的唐僧和其他的三个人物（孙悟空、猪八戒、沙僧），但是不知道《西游记》的故事原型，更不知道唐僧的原型是历史上的玄奘，所以，我跟栏目组商量以后决定，我们就讲玄奘的'西游记'。"这正是他的性格，善于探究别人认为知道的事情，他也多次表示，他不愿意说别人知道的故事，所以他愿意开讲《玄奘西游》，表达自己对历史、文化、宗教、事件、人物的看法，这是对今天我们一些人热衷于模仿、追风、照抄、克隆、跟风和炒冷饭最好的回应。

他完全是在用一个新的角度来诠释《西游记》，开辟一个新的思路，从文献、考古、历史、文化、交流和宗教的角度给大家提供一些新的学术上的思考，提供一些新的知识。由于他的语言非常朴素、平和，别人在担心和怀疑他对玄奘通俗化的解释，是不是会曲解历史？是否会有背离历史事实原貌的危险？其实，文忠在开讲以前，就解决了这个问题，他注意所讲的故事结构、人物关系和所说的每一句话都有历史上的考证和出处，讲述的事件、细节在相应的文献里都有一些记载来对应。文献里没有的东西、历史上没有记载的东西，是绝对不可以靠今天和自己的想象去填补的。历史的人物和历史的事件，是不能与现实问题作对比，因为没有可比的意义，他说："对我而言，我不会考虑经典的现实意义。我要做的只是尽量去再现真实的历史，或者说用一种现代的语言，把它重新讲出来。"

实际上，他的做法，开创了中央电视台《百家讲堂》的学者要讲述自己最擅长研究的专业领域的学问和知识的先例（其实，就是应该这样做），也给所有的其他学者做了一个榜样。

文忠来北京，我们去上海，经常是"海阔天空"，也在一起讨论学术上、生活上、学校里的事情，曾经在一起还讨论过生命中最应该感谢谁？实际上，我们都是一样，我们在经历过的事情中，要感谢的人太多了，我们常常感叹说："我们最应该感谢的就是老师，父母给了我们生命，但是那不过是一个人人都有的生命载体，而老师，给予我们的是生命中一直伴随的精神核心和文化滋养。"对于文忠，在他上了大学以后，所有的北京大学的老师对他都给予了无限的关注，特别是 1990 年他离开北大在社会上游荡了 5 年以后，要感谢后来的王元化先生、周一良先生、季羡林先生，没有这些先生所做的巨大和细小的努力，哪有文忠的今天？也不会有今天的文忠重返大学校园，也就不会存在于复旦大学的任教。所以，教师是我们生命中永远的灯塔。

作为教师，文忠善于看书、博学、记忆、直言、争执，善谈能力之强，这是在他这个年纪给我们现在所有的高校教师做出的一个榜样，也是值得我们学习的地方。钱文忠看书逛到的学问和在教室练就的本领，使他说话有了很大的诱惑力，一堆人侃山，只要文忠在，如果话题再掉到他手里，他就像上了发条的机器，无所不知、海阔天空、快言快语、绘声绘色，但是，文忠绝对不跟任何人抬杠，他始终是跟你们在讨论问题，完全是引导式的述说和讨论，完全是抛砖引玉，欲擒故纵，讲到激动的时刻，他的眼睛会越来越大、越来越亮，所以，文忠在课堂上讲课、《百家讲坛》讲演，都比不上他私下里和朋友聊天来得快乐和思路更加放纵。

大约记得好像是10年前，香港的《香港书评》杂志就开始介绍一些内地的学者和学术问题，其中有一期就以专辑的形式介绍过钱文忠，这好像也是香港媒体上比较早介绍内地的学者的刊物，标题写的什么记不清了，好像主要是介绍其研究的学术领域和学术前景，谈及他所从事的研究对国家传统文化的价值和意义，论述了在经济发展的今天，国家还是需要对经典的东西、对传统的文化予以继承和传承。现在看起来，这件事都是让我们惊讶和羡慕的。我觉得我们应该学习香港期刊编辑的这种学术判断上的敏锐，至少说明他们是在关注和研究内地学术领域上在做事的人，不是说我们今天因为钱文忠在学术上做出了一点点贡献，我们就开始说这个期刊报道和推荐的意义，而是说，我们内地也要鼓励学术期刊和文化期刊要注意我们自身的学术动向，特别是在社会浮躁和经济繁荣的情况下，在学者默默无闻进行研究的情况下，就可以看到一些学者和学者研究的东西闪光的地方。

北京电影学院与北京大学中国文化书院有比较多的文化、电影及相关的活动、学术、项目联系，我们几次在北京谈一些文化选题策划的时候，很多人都说起钱文忠现在如何如何，已经是“学术明星了”，文忠对这个头衔不以为然。他多次说道：“学术明星？这个说法我不认同，那是别人说的，别人怎么样说你，那是别人的事，你自己要永远知道你自己是什么。我不是学术明星，学术是需要能耐得住寂寞，‘明星’是对一个另外的其他的领域的人的称呼，它不是不好的词，‘学术’与‘明星’有永远的距离，我就是教师，我的职业就是研究学问，也不需要进行什么样的宣传，我们不想增加任何的娱乐色彩，任何一个大学教师和学者，对这个都是排斥的。”

其实，我个人认为，现在崇拜、喜欢、敬仰某一个人（学者或者一个公众的人物、演艺明星）无可非议，但是关键是看我们向他们学习什么？用什么样的方式来影响和改变自己的行为和生活？或者是怎么样从这些我们崇拜的人身上学习到什么？我们希望从我们映照的人身上折射出这些人的优点，在我们的身上或者是在社会上能够得到发扬光大。

对于当下的“文忠现象”——就是把历史的真实，用比较容易理解的方式传播给观众，是有现实意义和教育意义的，这样我们就可以考虑让更多的学者，把我们国家历史和传统文化的东西，用讲述的形式给年轻人讲解，让他们在更多的学者精彩讲授和话语表达中去读懂中国的历史和文化，正如文忠说的：“他们很聪明，这个名字取得很好。我觉得他们很理性，他们并不是追我，而是追我讲的东西，或者说，他们追的是讲这个东西的人。我觉得有‘粉丝’追捧这个事情，至少说明，文化真正开始热了，不再冷僻，这也是《百家讲坛》的贡献。”

文忠曾经说过，比较推崇陈寅恪先生的做法，要保持自己的精神独立、学术自由，但是不要以学术谋生，学术是一个问题，生存是一种本领，但是做学问也要勤奋和刻苦。钱文忠就是以这样的一种观念对待和开始自己的研究的，也是这样做的。所以，上课，买书、写字、开会、读书，就成了他生活的主要内容。

文忠是“恋物”的精英，实际上，对待物质的态度，就是对待精神的态度。他“酷爱”的东西比较多，基本上是一个杂家，但都是认真对待：喜欢各种各样的笔，拥有不少限量版的万宝龙笔，主要体会笔握在手里的感觉和在纸上书写过程中的幸福；他喜欢书，喜欢在书房中漫步，东翻翻，西看看，左记记，右抄抄；他因为抽烟，所以喜欢烟具，这是一个男人在不抽烟的时候的最大的乐趣，手中把玩着烟具，有一种比抽烟还欢乐的感觉，他家里摆放着精致的像工艺品的登喜路和大卫杜夫烟具；他还喜欢抽烟，主要是喜欢抽雪茄烟，把烟拿在手里，挥舞着讲话的感觉胜过叼在嘴里说话的感觉，他有各种品牌的古巴雪茄；巨喜欢各种各样的手包、皮包，先不说装什么，放在家里就是一个“聚集财富”的象征；由于是研究历史和语言的专业，还喜欢古字画、青铜物件儿、玺印、玉器，唯一可以反映出他与现代社会的上流精英及时尚的有一些的关系的，就是高尔夫球具，估计打的水平一般，但是从言谈话语中知道属于“酷爱”级的，想象不出来他在球场上是一个什么样的“德行”，也不知道什么时候在高尔夫上可以“成名”。

因为我和文忠都在大学教书、做老师，所以经常交流在大学的这点事：每年可以见到新的（一年级）年轻的学生；有一种新鲜的东西带动学校的氛围；可以经常参加各种各样的学术会议；听到各种各样的最前卫的学术观点和研究的成果；可以知道社会上比较时髦的事情和思想；了解和掌握现在的年轻人在看什么、吃什么、关注什么、想什么；第二天没有课的时候，不用晚上很早睡觉，甚至可以通宵熬夜，也不用早上早起，可以睡懒觉，弄一个“自然醒”；大学教师可以不坐班（当然我现在做院长是没有戏了）；可以做自己研究的课题和想说的话；写自己感兴趣的文章，参加自己认为重要的闲杂会议；可以天天见一些和自己教学和学术有关的各种人等；每年除了各种各样的假期以外，还有名正言顺的暑假和寒假，真是神仙过的日子。

但是，现在的大学与原来是完全不同的概念，大学教师也是一个非常不好做的行业，体力、知识、性格、做人、水平、教学、科研的竞争非常厉害，现在的学生根本不看你教师是什么学历和职称，这些都不是学生关注的问题，他们认为：这些学位、职称的东西，在他们眼里什么都不是，不能说明什么，只能是说明你原来的经历和过程。因为，今天的中国，任何人、任何地方、任何时候都可以用各种各样的方式弄到这些学位、职称甚至职位。再说，这些名义上的东西都是身外之物，生不带来，死不带走，说明不了什么。现在大学里，教授、副教授、博士后、博士、硕士混事儿的也不少，一些人甚至上课不备课、也不知道在说什么，写的、发的、翻的论文什么都不是，还有不少是想方设法抄人家的。

现在的大学生看老师，是看你的人品，看你的状态，看你的行动，看你能讲什么？讲的怎么样？有没有自己的观点、看法、认识？是不是你自己研究的东西？如果一个老师在外观上比较“惨不忍睹”，再加上内心上不阳光、不健康，学生也就更看不上你，如果教师做的事情不好，或者不符合学生的审美和性格，会在学生中迅速传开，你基本上就死定了。

在大学当教师、上课和做人、做学问的关系上，我们有许多相同的观点。文忠也是这样的看法，正如他说的：“学问、专业是我自己学习和积累、传授的东西，甚至是我生命、生活的一部分，我愿意好好地去维护它。”“可以说，教书是我的职业，也是在这个世界上的基本生活内容之一，很大程度上，正是教书使我就是我自己，而不是别的什么人。我非常享受教书和学生交流的生活。还有一点很重要，我得对得起我的那些老师，承前启后，守先待后，以老一辈教师的志业为我的职业，还要用心去学习，用良心去教书，用诚心对待学生，我不能保证把想说的都在课堂上说出来，但是我一定要使自己学习和研究的东西，别误人子弟，大学的环境和与学生交流的过程让我愉悦。”

在网上看了《潜艇宣言》的内容，有点意思，挺让人感动的，心里湿润了一下，真是特别地尊敬这些“潜艇”，现在抄录下来这些内容：

一、当我们和其他人的Fans有冲突时，别忘了我们是潜艇，和钱老师一样，我们是有素质的一群；

二、如果你是学生或从事某种事业时，别忘了我们是潜艇，和钱老师一样，我们是勤奋的一群；

三、当别人有困难或需要帮助时，别忘了我们是潜艇，和钱老师一样，我们是有爱心的一群；

四、当我们的人生、事业、家庭、爱情等不顺利时，别忘了我们是潜艇，和钱老师一样，我们是坚强的一群；

五、当想到和某人的所谓“深仇大恨”时，别忘了我们是潜艇，和钱老师一样，我们是理智的一群；

六、当我们的家人年已老迈，别忘了我们是潜艇，和钱老师一样，我们是孝顺的一群；

七、当我们取得某些成绩时，别忘了我们是潜艇，和钱老师一样，我们是谦虚的一群。

我看了以后感慨比较多。这是一个警醒自己、激励自己、要求自己、平和生活，并以别人为榜样的宣言，也有自勉和约束自己的意义，经常地提示和提醒自己是多么的重要，这需要一种平和的心境和心态，其中我感悟到的关键词是：素质、勤奋、爱心、坚强、理智、孝顺、谦虚。其实这些感受，是可以让我们足以受用一生的东西。

中央电视台在播出一档钱文忠的对话节目过程中，著名主持人张越也在采访现场读了这份《潜艇宣言》，这也令钱文忠当时大为感动，记得他当时说："我写不出这样句子，但如果《百家讲坛》能让我为大家传递这样一种价值精神，我愿意为此而死。"

新千年初的2001年，当时北京大学中国文化书院做了一件让中国学术界震动的"事情"，文忠也为这个策划和实施花费了不少的心血。

记得我和张军、文忠，因为北京电影学院和北京大学文化书院合作文化项目的事去看望季羡林老先生，老爷子因为拍摄跟我们非常熟悉，所以，到了医院我们也是没大没小的，有说有笑，看出来老爷子向着文忠了，师生如师徒，关系就是不一样，我们抓紧让老爷子跟我们拍照，看见他们师徒在嘀咕着什么，关系就是不一般，时而文忠敢开玩笑，时而文忠洗耳恭听，人物关系变化非常丰富，但是从骨子里看出文忠对季羡林老先生的尊敬，感慨文忠做人的厚道与准则，有时在想，季羡林老先生没有选错人，也没有白教他。在这个过程中，老爷子给我们拿出他近些年写的书，一一签上名字，而文忠表现出来的则是让我们敬佩，他先是收拾干净桌子，拿出签字的笔，摘下笔帽，递到老爷子的手中，然后一本、一本地将书展开，送到桌子上最适合老爷子签字的地方，并用手摁着，防止书不展平，在老爷子签字前，告诉这本书是写给谁的，老爷子写好以后，他马上合上放在桌边的床上，然后拿起另外一本书递将过去，如此反复，一丝不苟，认认真真。都说行动反映思想和意识，反映内心和性格，看来是有道理的。

文忠送给我他写的书，我看了以后，发现他的书写文风也是学习了季羡林老先生的文风，通俗、直接、平和、朴实和亲切，与他平时说话慷慨激昂、话多语快、频率高速、红脸瞪眼、喜欢神侃的样子完全是判若两人。

我不是学习语言学的，而且在我的认识中，认为学习语言是最难的事情，学习语言的人，一定是天才，是那些天才的人干的事情，文忠是研究语言的，甚至这位老弟居然会十多种各式各样、稀奇古怪的语言和文字，简直是不可思议，这得需要多么大的毅力和经历，给了我很大的想象余地和空间。我们和季羡林老爷子交谈的时候问起过这事，文忠所掌握最绝的语言当属季老先生自己毕生研究的东西和“看家”本事传授给他的“吐火罗语”了，据说该语言是比较冷门的语言，在世界上知道的人、研究的人不多了，这给我比较大的震动，你想一想，一个研究的学问和领域，只有几个人可以看懂或者知道，这需要研究者应该具备一种什么样的状态和境界？文忠是季先生的关门弟子，得到了社会上普遍的承认(实际上就是)，我想大多数人未必知道这种说法的真正含义是什么？他从老爷子那里继承和学习了什么？只有他和老先生知道，同时，造成这样的情况，也是非常值得我们思考的。

文忠和他在北京大学的朋友张军，比较有意思，互相“揭底”、“刨活儿”、“披露”的博客，我都看了，有点意思，我认为至少他们开创了博客中的几个“怪例”:原来博客是两人一对一地说、写博客，到他们这儿成了“三国四方”博客；人家博客的规矩是一句话，几行字地说、写博客，到他们这成了短篇小说、长篇论文的形式了；博客应该都说眼前这点事儿，可愣让他们给弄成了“历史回忆”和“当年趣闻”了；人家是没有规律、有一搭无一搭地开说、开聊和开博，他们可好，成了定点、定时的“新闻发布”，当然，他们的行为有互相捧臭脚的嫌疑，互相吹捧呗。所以，还真被我言中了，他们呀，没了，甚至一个月贴一篇东西，最近还不写了，看来是“工作”比较忙。记得最近文忠来北京，我们(我、文忠、张军、叶卫)在一起喝酒时说起这事儿，张军再次声明:“我也不是什么专业网民，也不是天天待在网上，谁知道有什么规矩呀？也不知道应该遵守什么规矩？直说吧，没有那么多网络概念。据他们说，博客上确实没有我这样胡来的，其实，我就是喜欢看‘拔刀相助’，看着关注钱老弟的‘潜艇’人不少，索性就来凑一个热闹，重在参与，不在乎大家是否高兴，反正就是有话说了，没有什么规矩，所有的事都是人定的，也可能我做的就是在立规矩。”

我想，作为学生，文忠对季老先生的语言学习具有完整的接力和传承，这其实是中国在师徒和师生之间的默契和约定，徒弟或者学生一定要在学习的过程中，接受师傅或者教师的全部东西，然后在以后的过程中，逐步发展和超过，这无疑是一个天经地义的理由，也是一个无法抗拒的现实，当然，也有徒弟和学生没有做到这个样子的。季先生所从事东方语言学的研究，文忠至少是完全学习和继承了，也在其相应的方面得到了发展，当然，我本人认为，一个学问的发展，在今天的环境下，还要靠大的学术氛围和学术环境，也要靠研究者自己的努力。

文忠的年纪，应该没有什么坎坷，但是他在学习和成长的过程中，也遇到了一些挫折，其实算是“苦尽甘来”，先是上学，学的是比较冷门的东西，也比较枯燥，而后，不久又开始远在他乡学习这些稀奇古怪的语言，在学问的追求上，他是有充分的思想准备，但是尽管他遇到了一些挫折，也给他的人生经历以丰富的内容，留给他的是不是辛酸和苦处，恐怕只有他自己知道，因为这是命，是注定的，他没有办法选择。后来究竟是什么原因，被迫离开北大，也是我们从北京大学的张军那里才知道，从此他开始漂泊。这段过程，他是一种什么样的心境？什么样的思想？什么样的状态？没有人知道，他也没有过多地给我们讲述，特别是在他离开学校，失去师长，离开图书馆、资料、研究的环境情况下是怎么样挺过来的？我们很关心，但是从他的乐观态度中，我们没有办法知道，也没有听他主动说过。看来，文忠不是一个喜欢抱怨的人，也不是愿意提起往事的人。

其实，我很关心的是，中央电视台《百家讲坛》的编辑是怎么样知道文忠的？怎么样会找到他来讲这样一个问题的？即使是讲小说《西游记》，恐怕也轮不到文忠啊。那么，在讲了第一次(或者几次)以后，是怎么样就决定他来继续讲？而且，不是完全讲《西游记》，而是按照文忠的思路继续讲述？因为他这样的方式，是与前面的风格不同的，是需要有一定的判断力和风险的。

我知道，文忠非常喜欢大学教学的环境和氛围，因为我们都是大学老师，在学校感受到的东西是别人没有办法理解的，这我们两个人说起来颇有些沾沾自喜。他是一个非常发散型思维的人,不喜欢规定自己在某一个时间只做什么、不做什么,他的学习、研究是在随时随刻地进行的,他喜欢自由自在,喜欢随性而为,喜欢兴趣使然。他给学生上课的时间是有一定保证的,而且备课非常认真,这是我作为一个学校管理者最高兴的事情,真为复旦大学的管理者(领导)高兴,我经常听到他这样安排自己的事情,以保证社会、学术、自己的其他的事情不会影响学校的教学和上课的安排。

现如今,在课堂上面对学生讲课,不是一个什么好干的差使,对着摄像机在电视上讲就要更难。课堂上,任何时候、任何情况下,教师与学生都有眼神、气场、形体、语言的直接交流,对着电视则是一片茫然,你没有任何的暗示和鼓励,也没有任何的反馈,你也不知道他们的反应,也不知道你讲的效果。很多人认为讲课、教学是一个非常好干的事情,其实不然,学术研究是一回事,讲课又是一回事,所以这两个是不能画一个等号的。

我们和文忠曾经讨论过对待教师感恩的问题。教师是我们人生过程中,影响最大的人,可能是一个人或者是几个人,但是他们的整体形象在我们心目中,那时他已经开始准备录制《我的老师季羡林先生》,现在估计已经录制完成了,主要是介绍季羡林先生,推崇老先生作为一个教师、学者的治学精神和人格魅力, 讲述季羡林先生在与他接触的过程中对他的影响,他在不同的场合都讲到对老师的感恩和崇敬,讲到老师对学生最大的影响。"要讲季羡林先生对我的影响,实在是很难用一句话来概括和回答的。一位平凡而伟大的老师,他对你的影响像和风细雨,浸透人心,他彻底地改变了我的人生态度和人生道路。至于很多的恶人说我借季先生光环的说法,我在这种说法中看不到任何的善意。我一直认为中国文化能经过这么多的劫难而不衰、不灭亡,尊师重道是重要的原因。父母给予生命,老师给生命的躯壳中注入精神。我有季羡林这样伟大的老师,难道我应该闭口不谈吗? "

记得 2007 年 12 月 21 日晚上,我们在北京中央电视台《小崔说事》的现场,和小崔也在探讨,对于我们成长过程中,教师给予我们的无私帮助和扶持,是需要我们永远铭记和感恩的,当然,不是需要你说出来,但是,你要永远记住。

季羡林：

“我出生在山东一个偏僻的农村里，1917 年离开家到济南求学，从 1924 年我就……我就离开了我的母亲……”说到这里，季老突然语调哽咽了，眼睛看着镜头愣住了，台词说不下去了，上身一动不动，脸憋得通红，微微张着嘴，眼睛中慢慢地充满了泪水。那时那刻，仿佛时间都凝固了，气氛也显得十分紧张，我们所有在现场拍摄的人都被突如其来的景象惊呆了，不知道发生了什么，茫然不知所措。

李安：

李安的到来，这是注定的事情，也可能是学院与他十年前结下的情谊。从他的外表看，非常腼腆、儒雅、温和、谦逊。男人其实就是这样的状态，凡是表面上看上去温文尔雅的男人其实是一个激情澎湃的人，而表面上看上去大大咧咧的男人，其实内心是一个非常细腻的人我相信他的内心世界肯定是浪漫的、风流的。

张艺谋：

对于我和我们摄影系“78班”的同学来讲，张艺谋是一个十分平凡的人，没有那么神秘；他就是我们班的一个兄长、一个同学，就是一个电影导演，一个涉猎各种各样艺术种类和形式的人物，他在上大学的时候，经历了比较多的曲折和反复，比我们其他同学知道用功。他敢于惊天动地，为了他的电影梦想，他在电影的创作上可以不管不顾。

HOT
COOL

田壮壮：

壮壮其实是一个内心澎湃而外表平静的人，他还是一个比较另类的人，不张扬、不狂妄，白发有添，勤奋不减，不愿意在别人面前与人争什么短长，总是在做自己最想做的事，热爱电影，忠实信仰。田壮壮："男人到了不惑之年以后，会明白许多事情，突然觉得自己又都悟明白了，会知道自己应该去干什么。对于我，我还是得坚持把自己喜欢的钟爱的事完成、做好，还是应该在电影中坚持自己的东西。"

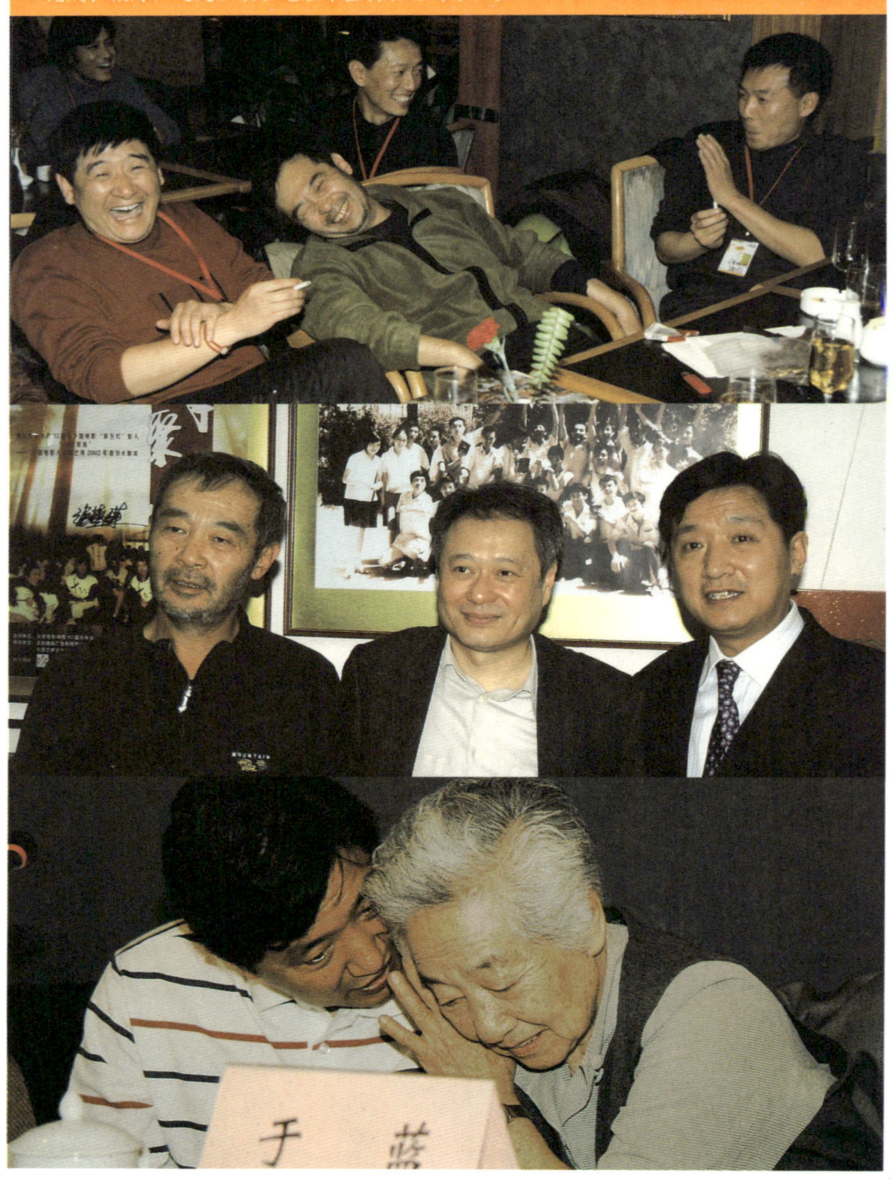

谢飞：
经常是只有一个称呼：叫他谢飞老师。多少年，多少学生、教师都是这样，体现了学校的单纯和温馨。

高仓健：
都说高仓健是一个不苟言笑的人，和我们在一起，高仓健先生流露出生性活泼的一面。他说“可能是我演的那种不爱说话的男人的角色比较多了，所以大家就认为我就是一个沉默寡言的人，其实不是这样的。”他说，“我是爱说话的，对于谈得来的人，谈得来的事，关于电影、人生啊，我还是愿意谈的，特别是谈起电影什么的，有时候连时间都会忘记……”

HELEN MIRREN
Only

陈凯歌：

如果让我形容凯歌，我认为他一直是在跑道上奋勇奔跑的人。

2002年2月，北京电影学院“78班”同学举行毕业20周年纪念活动“20年聚首”，在同学会聚会的现场王府井大饭店，著名导演陈凯歌喝的高，嗓门也高，与著名导演尹力说：“其实，电影的拍摄是有文化和历史的映照的……”尹力说：“凯爷，您说得对，我完全听明白了。”凯歌：“这就对了。”美术系著名美术师阿来夫（右一）走过来摸着尹力的头说：“你都没有喝，我们美术系肯定说不过导演系的，回家洗洗睡。”陈凯歌点燃了一棵烟，略微提高了声音的力度说：“其实，我说的在理论上和实际上绝对是对的。”陈凯歌喝美了，也喝高了。

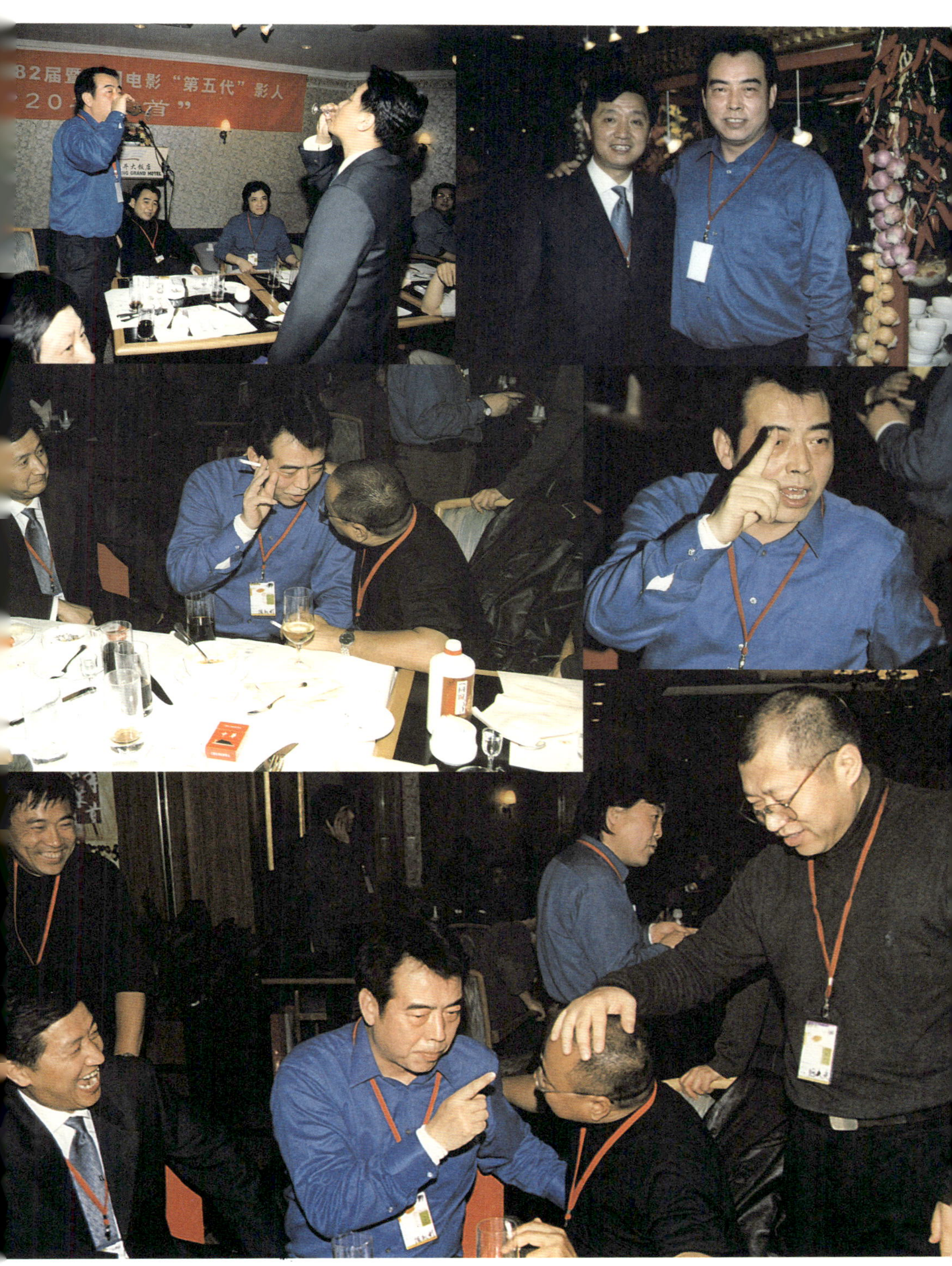
82届暨　电影“第五代”影人
GRAND HOTEL

钱文忠：
文忠同时具有南方和北方的特质：豪爽而细腻，热情而聪明，直爽而委婉，气盛而谦逊。当然，如果让我评价，就还有别的：有钱、有车、有房、多情、重义、有学问、有品位、有朋友、有自己的生活准则，他是一个当今中国有个性的大学教师。

梁天：

他渴望别人有什么需要帮忙的事对他说，他希望尽自己的努力去帮助别人。他是个不怕麻烦、喜欢麻烦的人，他是个一天不帮助人就心慌的人。

30年前的大学生活，充满了趣闻和逸事。在北京郊区昌平朱辛庄4年的日日夜夜，记载着我们电影学院“78班”的艰苦、寂寞、乐观、贫乏、快乐……都说“好汉不提当年勇”，其实回忆起当年发生的事，多半并不是什么好事，也添不了什么光彩，大多都是一些“糗事”，但它是真实的，那是我们的青春岁月，年轻时最美好的回忆。

苏菲·玛索：

很多中国的观众看了苏菲·玛索演的电影，会被她的形象、气质所征服，会被她扮演的人物性格所感动，她身上有一种东方人和西方人混合的美感，有一种特殊的气质，尤其是她的眼睛，非常深邃但又非常清澈。

附录：边走边写 / 各国游历的见闻

美　国：

2005 年 7 月 22 日—8 月 22 日，北京市教委组织了 18 所院校的书记、校长，赴美国明尼苏达大学进行了为期一个月的高等教育现状、政策、管理及发展研究的学习和培训，我有幸被安排随同参加在美国学习。

这次异域美国之行主要是学习，由于时间比较长，所以随笔成为了一个多元意义的札记，把自己的所听、所学、所看、所想、所悟、所思全部记录下来，在写作上没有受什么限制，没有什么拘束，于是有了许多的思考、感悟和感受。

7 月 22 日　星期五

中国北京高教培训团，下午 16:30 分（北京时间凌晨 4:30 分）飞抵纽约肯尼迪国际机场。由于代表团的领队和两位工作人员在北京的美国使馆签证的时候遭到拒签，所以在大家的心理上有了一些阴影，但这并没有影响我们成行。代表团入境的时候还算比较顺利，但是一位艺术院校的院长，被边防的警察带离安检柜台到办公室进行询问。全团开始担心会拖延比较长的时间，还好不一会儿的时间就出来了，主要是护照上有一些小问题，很快就解释清楚了。

美国人的保安工作很严谨、很教条，但是我总觉得他们是干的不在点上，工作的不是地方，否则，那么多的真正的恐怖分子入境怎么没有发现呢？还有一些边防警察的工作人员的扮相及“奇装异服”的装束我们也不敢恭维，每一个人确实都是有“想法”，想标新立异，但是看了让人很不舒服，怪怪的。其实，这是个人问题，但是在整体上服装的感觉至少会反映人内心的东西，美国就是这样一个社会，比较崇尚个人和自由的东西，服装反映了他们思想上的“前卫”与精神上的“丰富”。

纽约是美国非常重要的和最大的城市，代表团随后马上参观了美国世贸大厦废墟遗址。

美国2001年9月11日的恐怖袭击事件，已经成为了与历史上的第二次世界大战“珍珠港事件”齐名的重要历史事件，这件事已经成为了美国人心上永远的痛。世贸大厦当年是那样的令美国人骄傲，而现在的废墟遗址完全被铁丝网围了起来，上面布满了当天殉难的两千多人的名字，悬挂着一些当时大厦被袭后的照片，从照片上看，美国人还是有所选择，没有“真实再现”，没有任何惨烈的照片，美国人也知道从正面报道事件的作用，激励人民，树立“国家的精神”。

我们还参观了紧邻美国世贸大厦的一个消防中队，这个消防中队离当时的出事现场最近，所以，他们是在接到报警和命令的第一时间赶到事发现场的第一团队，冲到了里面。由于事件的突然和局势不可预料的发展，也由于通信的原因，无法告之他们当时十分危险的情况，所以当美国世贸大厦在熊熊大火中坍塌的时候，17名消防战士全部牺牲在大厦的废墟中。今天，在消防中队建筑的外墙上，钉着一块铜牌，画面是表现消防战士在现场抢救的情景，他们把美国的星条旗高高举起，在铜牌的边上，镌刻了这些消防战士们的名字，永远地怀念他们。看到这个铜牌，让我们为这些消防战士的忠于职守，献身自己的精神所肃然起敬。

我们参观了美国纽约证券交易所(New York Stock Exchanges)、美国华尔街金融市场(New York Wall Street)，了解美国上市公司和股票证券交易市场的法律监管及操作的基本情况。在著名的美国华尔街金融市场标志性的铜牛前，代表团所有的成员都照了相，希望自己的国家、人民币和自己个人未来发展更为好，更为“牛市”。

在美国，由于社会秩序、法律比较健全，有3个问题是每一个人不得不认真对待的:美国的法律制定得比较早,涉及的领域十分广泛,制定涉及的问题十分庞杂,对管理国家和约束各个方面的问题比较有效,不管你是什么阶层什么人,也不管你知道不知道法律的具体条款,如果你触犯了法律,都要为此付出沉重的代价;税收是一个比较敏感和比较复杂的问题,你时刻要警惕在这方面出现的任何细小问题。但是,有合理的方法可以进行处理,所有的人都要十分小心地对待税收;在美国如果没有信誉,你将无法生存,美国有专门的信誉公司,如果你出现了关于信誉方面的问题,将会汇总到信誉公司的管理信息中,对你未来贷款、抵押、保证、就业、发展、生存都会产生比较大的影响,所有的美国人,对待信誉就像对待自己的生命一样。

7月23日 星期六

清早,我们访问了位于西126街的美国著名大学哥伦比亚大学。哥伦比亚大学的校园建筑,完全是古代的风格和容貌,非常古色古香,校园安静祥和,没有特别明显的院墙和大门,学生完全是在一种开放和宽松的环境中学习。

美国的公立大学,一般入学的比例在整个的高中学生当中也是比较低,对于应届的高中生来讲,入学容易,毕业难。高中的学生高考入学,要考察如下的几个方面的问题:高中3年的各个阶段的学习成绩;3名教师(教师、校长)的推荐信;本人参加入学考试的成绩;在美国参加社会公益事业、福利事业、做义工的经历;写一篇对所要考的大学的文章,包括对自己的个性分析,为什么要考这所大学?对这所大学是什么样的认识?你心目中的大学是什么样的?将来准备在什么方面发展?外籍的学生还要有托福和GRE的成绩及相关的面谈。很多美国学生在高中三年级的时候,就让家长陪着或者自己到各个学校去看,去了解情况,来选定自己未来考哪一所学校,但是由于各种各样的原因,学生大多选择比较有名气和比较有影响的私立大学。

随后我们乘船游览了纽约著名的哈德逊河,整条河宽阔、丰富、干净,整个城市规划十分有序。我们在船的甲板上参观了曼哈顿岛的市容和河边的建筑。著名的曼哈顿岛由于没有了美国世贸大厦,在高楼林立的众多大厦中，显得在城市整体轮廓天际线上缺少了什么，也没有了往日的神采,这是美国人民永远的遗憾。矗立在岸边的联合国总部,在一些老旧的建筑边上,显得是那样的明显。在曼哈顿岛对面的新泽西州的自由女神像显得是那样的孤独,如今的移民岛已经看不到往昔的贫穷。

洛克菲勒中心在纽约是一个城中城，一直是美国人的骄傲，几经社会、历史、战争的发展,已经发生了比较大的变化,日本人曾经购买了洛克菲勒中心的其中一座大楼的80%的股份,引起了美国人民的强烈不满,认为日本人的这个行动是继第二次世界大战“珍珠港事件”以后的又一次“侵略美国”。由于美国人的“关注”和政府的“介入”,其后来干涉的结果是导致这个家族的企业部分破产。这是爱国主义的结果?谁也说不清楚,反正是美国人达到了他们的根本目的。就像现在美国人干涉中国的企业购买优尼科石油企业一样,什么事都管,这是他们的习惯,也没有发现这样做他们得到了什么样的好处,大概这是美国的“性格”。

今天,在世界的任何一个角落,凡是有人的地方就有中国人。在纽约的中国城唐人街,简直是“欣欣向荣,蒸蒸日上”。中国人真是不简单,在所有的国家,都有自己的身影,都有自己辛勤劳动的城市结果,所有的“唐人街”20年以后会是什么样?祝福他们永远发达。我们还参观了著名的纽约时代广场、林肯艺术中心、朱丽娅音乐学院,这些著名的地方,给我们留下了深刻的印象。

下午,我们驱车沿着95号公路北上,第一站到达了美国的耶鲁大学。夕阳下的耶鲁校园充满了历史和人文的魅力，多少年轻的学子希望自己能够跨进这所世界著名院校。我们到来的这天因为是星期六,校园显得格外宁静,学生多了一份休闲与安逸。耶鲁的法学、经济学、政治学专业在世界上都是非常有名的,许多美国的著名人士均毕业于这所大学,例如:前美国总统克林顿等。学校完全是开放的管理与空间,教室则完全是圆桌式的教学环境，有黑板，教师在讲授课程的过程中和学生在教室中讨论问题,在校园里席地而坐进行学习和讨论。我们还参观了图书馆、教室和校园。然后，我们又到达美国著名城市波士顿的哈佛大学和麻省理工学院

(MIT),体会了著名院校的风采。

美国的大学教育不是应试教育,完全是创新型的教育、教学方法,不像我们是应试的成分比较大,这是东西方的文化、历史、社会、大学、观念的差异?还是什么更深刻的东西?每一个人恐怕很难说清楚。中国的教育是"论语"式的,讲者永远是"圣人",所讲的均是万古不变的经典,听者永远是仰视先生,这个过程有多大的收获?完全在于学生自己的感受和日后的应用,表面上还是形式大于内容,但是在这个过程中,已经失去了对学生的吸引力。美国的教育是"苏格拉底"式的,讲者和听者永远是平等的,永远是讨论式的,讲者始终在激发和引导学生的思维,学生一直是在认真地参与,听者不需要仰视先生。在这个过程中可以有争论、讨论,在这个过程中,不断地开发学生的智力,培养学生发现问题、研究问题、解决问题的能力,过程本身就有比较大的收获。

在美国的大学,本科生的大多数课程是由研究生和博士生来完成的,教授严格意义上是不会上本科生的课程的,教师比较注意教学的方法(听课、讨论、参观、调查、活动、问答、报告、实验、论文),教师更为注意教学的实际效果和质量,注意学生对教学的参与性与关注性,避免教师讲、学生听的尴尬局面,教师在教学的过程中,不可能是一个教材讲若干年,教师必须不断地调整教学的方法和内容,教师必须进行必要的进修和学习,才能够提高自己,教师教学的改进,完全在于对应学生的感受,研究如何进行日后对问题的处理和面对应用,更注重学生的能力开发和培养。

7月24日　星期日

其实到达波士顿的当天晚上,我们已经感受到了马萨诸塞州的州府波士顿这个城市的夜景风光,但是一天的行程和倒时差的原因,我们也没有时间和心思好好欣赏和参观,只是草草吃完晚饭就休息了。

第二天早上起来后,我们对波士顿城进行了参观。由于是周末美国人要玩通宵的原因,加之是星期天,早上美国人要到教堂进行祈祷活动,所以大街上没有什么汽车和行人,清晨下显得格外的清静和安逸。波士顿这个城市由于在历史上抗击过英国侵略者的统治,在美国历史上一直是宣扬民主、独立、自由精神的发源地，有着比较重要的地位，也一直是美国社会、民主、自由精神的象征。

我们参观了世界著名设计师贝聿铭设计的波士顿大楼，大楼的主体是一个有非常变化的柱体，四周是蓝色的玻璃幕墙，尤为重要的是，该建筑建设在历史悠久的、著名的“三一”教堂的边上，它们之间的距离仅仅有二三十米之遥，在清晨和黄昏的时候，由于阳光和天气的原因，教堂的影子会反射在大楼的玻璃幕墙上，形成了扑朔迷离的光影呼应，与真实建筑形成了美丽的影像对应，显示了古老和现代的对话。

美国的著名大学波士顿大学，有着古老岁月留下的痕迹，建筑比较有特点，而且在诸多的学科和专业上名列世界的前茅。

上午10点，我们开始驱车返回纽约，向华盛顿进发，行程近十个小时，傍晚7点的时候我们到达了美国的马里兰州的巴尔的摩市，这里是美国比较重要的港口城市，也是美国国歌的诞生地，同时还是美国棒球的主要发展地。巴尔的摩市历史上海港、纺织业比较发达，该城市坐落在海边，显得悠闲与安宁，现代化的程度也比较高。

7月25日　星期一

今天集中进行的是华盛顿特区的参观。美国首都华盛顿是位于马里兰州和弗吉尼亚州之间的一个独立的首都，不属于美国的50个州的任何一个州，在这个地区，主要是美国国务院、美国国会、美国高等法院三权分立进行领导国家的各项事物。

我们参观白宫(美国人叫“白色的房子”，实际是美国的总统府)，颇有些戏剧性，先后去了两次。第一次白宫后门(南草坪)前封路，告之美国总统有事，不让游人靠近，我们大约等了15分钟，结果扫兴而归。中午吃完午饭以后，第二次去白宫参观，白宫后门南草坪前仍然封路，有许多警察、汽车和搜寻犬，警卫还是告之美国总统有重要事情，继续封路，不让游人靠近，我们又大约等了5分钟，就离开了白宫的后门的街道。我们绕道到了白宫的前门(正面)，随便照了几张相。其实，我们在电视上看到的图像，经常有两个重要的错误概念，一个是把每次美国总统出来会见、发表讲话的白宫南草坪误认为是白宫的正门；另外，我们在电视图像上，经常把美国一个白色有半圆顶的美国国会大厦，误认为就是美国的白宫(总统府)，其实两者相同的只是颜色，其他的政府部门的建筑如国会大厦、农业部、国防部、财政部都非常有特点。

我们先后参观了华盛顿史密松尼亚博物馆群——美国历史博物馆、国家艺术博物馆、航空航天博物馆。东方艺术馆里面的东方文化艺术品看了让人惊讶，同时，觉得我们国家的很多古代艺术作品，例如瓷器、绘画、石刻、玉器、青铜器，更为艺术中心增加了色彩。

在美国，差不多所有的博物馆都是免费的，完全是政府进行管理和全部的经费投入，完全是为美国国民和年轻学生服务的，美国的社会博物馆文化更多的是对学生进行历史、文化、艺术、社会与大众的普及教育，充分发挥博物馆的社会教育功能作用。

考察波托马克河(美国有一个电影，专门是写的一架飞机失事在波托马克河，于是有一场关于抢救的故事)、林肯纪念堂、杰弗逊纪念馆、华盛顿纪念碑(上述地方在美国众多的电影中被反复表现)、首都罗斯福纪念公园。与其他过世的美国总统不一样，美国没有为罗斯福总统建立纪念馆，而是建立一个公园性质的纪念区域，完全是水和石头的艺术结合，多处流动的水，暗红色的方块石头，错落有序地进行艺术排列，很有特点，空间布局十分有特色，许多雕像反映了罗斯福总统时期社会的政治、经济、文化的发展，特别是门口和公园内的两个罗斯福雕像很有品位，既反映了艺术家创作的风格，也从不同的侧面表达了残疾人士对罗斯福总统的爱戴和敬仰。

参观了罗斯福纪念公园的建筑设计，给了我一些设计思想上的触动，觉得我们电影学院喷水池周边的环境和美化设计改造可以借鉴，有必要请我们美术专业的教师和学生进行艺术设计。

位于美国首都华盛顿朝鲜战争雕像纪念陵园，我们常常在电影中看到，这些表现在朝鲜战场上行进的士兵，形体各异，表情痛苦，经常在电影画面上看到的这些影像的整体感觉，当你看到它的细节的时候，仍然给我们留下深刻的印象和震撼，今天，当你站在它的面前的时候，当你面对这些雕像的时候,真是更为在精神上产生巨大的感染。我为艺术家的构思、表现、创作、手法而感到敬佩,为在战争年代牺牲的这些年轻人感到悲痛。在朝鲜战争雕像纪念陵园的边上的墙上,写着“自由不是免费的”(THE FREEOOM IS NOT FREE),表现了战争是要付出沉重的代价的。在现场有许多年轻的中学生,身着“童子军”的服装,在教师们的带领下来进行参观,教师在细心地给学生讲解着这场战争的历史,我们也感受到了美国国家如何对学生进行历史和爱国主义教育的方式方法。

肯尼迪艺术中心(JFK Center)是首都华盛顿最为著名的艺术中心,每年有各种各样的演出,舞剧、歌剧、交响乐等,建筑设计极为独特,干净简洁又有着独立的品位。

水门饭店(Water Gate)是由3组建筑(水门饭店、水门公寓、水门写字楼)组成,当年尼克松的“水门事件”是美国历史上的总统遭到弹劾而下台的重大事件,从另外一个侧面反映了美国国家相关机构对总统权力的监督机制。水门饭店已经成为了年代和历史事件的象征。

美国华盛顿火车站是一个非常古老的建筑,从外观看不出是火车站,但内部十分考究,也十分干净,与我们的火车站有很大差别。

7月26日　星期二

我们凌晨4点起床,赴机场,7:30分起飞,中午1:45分(当地时间10:45分)飞抵美国西部重要的城市旧金山。旧金山国际机场(San Francisco airport)位于城市边上,紧靠着海,飞机在海边掠过,才降落在坚实的土地上。

下午,我们首先参观斯坦福大学(Stanford University)。该大学占地5万亩,是美国著名的综合性私立大学,在校学生1.6万人,学费每年4万美元,该学校确立了末位专业淘汰制的方式,在年度的评比中,逐步淘汰不适应社会发展的学科专业,这样始终保持学校在美国专业学科领域的地位。

斯坦福大学校园非常有特点,大得像一个城市,也是没有围墙的大学,热带棕榈树和各种各样的树木十分茂盛,教堂、主建筑完全是西班牙式的建筑风格，充满了艺术气息和人文的关怀。校园干净，规划有序，安静祥和，在古老中显现出开放的思维和充沛的活力，比起哈佛大学、哥伦比亚大学，不是那么古板和沉重。学校教室内部、图书馆、书店也十分现代，学生在这样一个充满活力的学校中学习，必然会激发他们的学习热情和研究精神。

7月27日　星期三

今天是培训团比较轻松的一天，主要是游览美国旧金山市区的风光。

首先游览了旧金山市海湾大桥。大桥全长8.7英里，是旧金山市最长的大桥，单向五车道，向外走的时候走桥下的路，向里走的时候走桥上的路。

我们看到了当年的美国海军基地和美国第八军军事基地，如今已经是人去楼空，今非昔比，成为了冷战时期的见证，也成为了今天城市中的历史标记，国家正在进行大范围的维修，准备作为社会事业所用。

渔人码头是第39号的水码头，当年渔民出海打鱼回来后的主要海产品分发处，如今也已经成为了旅游的胜地，一些海象懒懒地趴在海水上的木板上晒太阳，一派与世无争的样子。

旧金山市艺术宫有一些像是祭坛一样的建筑，不是石头的建筑，而用一种比较粗糙的水泥建成，暗黄的色彩，很有历史的韵味，完全是西洋的风格与样式，暗红颜色穹圆的顶子，该建筑与水面形成呼应，揭示了历史的沧桑。

双峰山是旧金山市海拔最高的两个山峰，站在山上，可以鸟瞰全旧金山市的市容，由于旧金山市的特殊的雾气，形成了仙山琼阁的效果。从山上看，旧金山市的建筑密度比较大，感叹旧金山市的历代祖先的创造精神。人真是一个不可思议的动物，其聪明、智慧、耐劳、勤奋的精神以及留下的劳动踪迹，只有在今天才能看出来。

金门大桥是世界著名的景观，金门大桥修建于1931年，桥身净高是67米(约为22层楼高)，是钢缆式的吊桥，桥身红色，在蓝天的映衬下，格外醒目和好看，金门大桥自从建好以后，有大约一千三百多人从大桥上跳下去自杀。由于大桥高度太高，从桥上跳下的人，必是粉身碎骨，无人可以生还。真是让人惊讶，这些人能够想到这种方式，而且敢于选择这种方式。看来，生活需要勇气，死亡也需要勇气，我们对一些事情未必有这么大的勇气。这些人为什么选择自杀？什么性别比例？年龄情况怎样？什么血型？什么职业？有什么样的家族病史？工作和成长的经历是什么？真是值得作为一个专门的课题进行研究。

7月28日　星期四

我们上午10点离开旧金山市，乘飞机飞往美国西海岸最大的城市——洛杉矶(Los Angeles)。到达以后已经是下午3点了，吃完中午饭快5点了，到达宾馆时已经是晚上6点整。在美国，由于参观、访问，我们几乎每天过着与国内时间完全不同的“颠倒黑白”和“四处奔波”的日子。

真没有想到，生日竟然就在美国西部的城市洛杉矶平静地度过了，什么滋味？什么想法？什么感觉？什么心情？什么都没有。没有祝贺，没有喧嚣，没有电话，没有问候，没有礼物，没有浮躁，没有奔波，有的只是窗外闪过的异域风景，陌生又新奇，头脑中一片宁静和空白。其实这样真的非常好，算是另外一种人生的体验，算是人生一种格外的感悟和经历。

生日的度过，关键是要做到心理上的平和，不要为年龄所困惑，关键是要保持平和的心态。其实，人处在与世无争、无欲无求的状态是最好的。

真的，在这个世界上没有什么是绝对的，比如，过新年，当我们在纽约时代广场庆祝新年的时候，北京的新年庆典早就过完了，大家早就洗洗睡了。而当北京新年零点的时候，美国还是在12月31日的中午。就地球、国家、经度、纬度、时差而言，我们人类真是应该学会理解和宽容，千万别太在意什么。总的体会是，不要和生活较劲儿。

7月29日　星期五

周末，我们游览了美国好莱坞环球影城。由于几次来美，对环球影城比较熟悉，特别是其设计和思路，对我们国家正在建立的中国电影博物馆有比较大的帮助。其实，主题公园和主题展览甚至是主题影城，定位是一个比较大的问题。环球影城的很多东西,其主要是定位于对青少年的电影普及,对孩子比较适应,娱乐性也比较强,但是对大人就有些“小儿科”。美国好莱坞环球影城这两年增加了很多比较新的东西,可以供我们在建中国电影博物馆的时候参考。

下午,我们访问了加州大学洛杉矶分校(UCLA),这是一个国家的赠地大学,在加州有比较大的影响,其电影专业与我们学院有比较大的联系,也有比较多的交流,我也多次访问,没有什么更多新的东西可以交流。倒是从学校管理的角度,了解了学校的运行,看了不少以前我们不曾看到的理科、工科学院的管理。

还参观和游览洛杉矶市的明星大道、柯达剧场、贝佛利富人住宅区山庄、洛杉矶市中心、洛杉矶音乐中心等洛杉矶市著名的地区。

7月30日　星期六

早上9点开车去位于内华达州的著名城市拉斯维加斯市,夜宿加利佛尼亚州、内华达州、亚利桑纳州三州交界的拉夫林市。拉夫林市是一个新兴的城市,由于科罗拉多河流经市区,为这个城市增加了色彩。许多游人带着游艇、水上摩托艇、沙滩摩托来度假,拼命地运动,游玩,全身晒得通红,非常自然。

7月31日　星期日

我们乘车前往参观位于美国亚利桑那州的世界著名景点科罗拉多大峡谷,我先后数次分别在秋天、冬天来过科罗拉多大峡谷。这次是夏天,天空中有云彩,正好赶上雷阵雨,在科罗拉多大峡谷的边缘上隐隐约约出现了彩虹,非常有气氛和意境,难得一见。

科罗拉多大峡谷是美国人的骄傲,也是世界著名的景观,与中国的长城一样有着历史、自然和国家地域的意义。

从科罗拉多大峡谷南坡上参观,更显出大峡谷的宏伟,感叹大自然的毅力和魅力,这种能力是人类无法完成的。晚上住在拉斯韦加斯市。

8月1日　星期一

我们从内华达州的拉斯韦加斯市驱车返回加利福尼亚州的洛杉矶市，在返回的途中，看到茫茫戈壁滩上的美国海军陆战队的营地，非常壮观，军营、汽车、坦克整齐地排列在营地的周围，这是训练美国海军陆战队军人的地方。

美国的高速公路四通八达，东西向是双号排列，南北向是单号排列，西部的高速公路不收费，东面的高速公路收费，有的修得非常好，有的修得非常差，一般都是三上三下的路面宽。美国的高速公路路面非常有特点：沥青路面颗粒非常大；沥青和石子的比例与我们不一样，沥青油比较少，石子的比例比较高，路面更为结实；在路边的白色隔离线外侧，人工压有的条纹状路面，汽车压上去以后，有明显的响声和颠簸，提醒司机开出了线外，避免事故。美国的高速公路东部收费，西部不收费，但大多数也不怎么维修，建设得非常简单、实用，特别是一些路段，根本没有铁的栏杆，道路边上也就是用一些铁丝围着，防止动物穿过；道路的指示非常鲜明，表明距离、出口的数字、方向，警示司机注意入口、出口；特别是高速公路上的报警电话，每隔一英里就有一个，非常醒目，保护非常完好。美国的高速公路的设计和建造，满足了社会对高速公路的需求，示意非常清楚，道路的布局非常合理和发达，基本上是来回各是三向车道，在每一个路段，都有限速的标志。高速公路的设计和管理是一个系统工程和管理科学，需要我们认真地研究。

一路走来，我们看到了不少美国的各种各样的墓地，也使我们想起了其他国家各种的殡葬方法和风格。墓地是人类生命的归宿，也是活着的人祭奠的场所，古代入土墓葬实际上是一种风俗、文化和精神的祭奠，同时，由于入土墓葬过程中部分陪葬物随主人埋入，为我们后来人的出土和文物考古提供了重要的依据，今天我们的大多数国家已经实现了海葬、火葬等方式，那么大批的生活用品、文物就不再可能埋入地下，我们的国家更是这样。想起来有些可怕，后人无法从地下出土和挖掘出一些前人的东西了，也看不到今天的文明和文化发展了，那么，他们这些后人研究前人的什么东西呢？所以，今天人类一个小小的进步，都有可能毁灭了人类的文明。

我们直接去机场飞赴明尼苏达州的首府明尼阿波利斯(Minneapolis/St. Paul, Minnesota)圣保罗国际机场。

8月2日　星期二

参观明尼苏达州的州长官邸和办公室。美国的明尼苏达州像其他州一样,是实行州长任期内的官邸制,当选的州长在任职期间住在官邸并在那里进行一些对外的会见来宾、宴请客人等办公事宜,离任时要退出并搬出,回到原来的个人住宅。

明尼苏达州的州政府、州议会的大厦在市的中心,完全是大理石的建筑,与对面的圣保罗教堂形成呼应,政府(议会)的大厦中政府的所有办公机构,有众议院、参议院的会议厅及州政府的办事机构,同时,有高等法院的审判庭。

明尼苏达州的首府明尼阿波利斯市和圣保罗市，是明尼苏达州的双子城。我们观光了双子城地区、明尼阿波利斯市中心、城市雕塑公园和密西西比河两岸名胜风光等。特别的感觉是这里的社区安静、祥和,街道整洁。

圣保罗教堂是明尼苏达州双子城中最为著名和美丽的景观，宗教的建筑,给我们留下的更多的是建筑、文化、艺术的东西,让我们感叹宗教对人的思想、精神的引导作用,至少是对人类道德的约束和规范。同时,游览了明尼阿波利斯市中心,城市雕塑公园和密西西比河两岸名胜风光等。

8月3日　星期三

明尼苏达州大学的中国中心,在别的学校没有,但是这里的中国中心(CHINA CENTER)主要是从事与美国有关系的问题、学术的研究,就一些专业的问题进行交流,有针对性地开展工作,细化教育、培训的工作。

在中国,我们应该系统了解美国的大学是怎么做的。我们学习美国的什么？在这个过程中我们怎么样进行改进？我们看了这么多的一流大学，他们的先进和一流在什么地方?怎样看待他们这些学校的管理?我们在今天怎么样进行我们的大学教育？我们的工作过程中需要细化什么？我们国家的政府对大学是管理型的，管理得比较多，管理得比较细，这样在微观上，在具体的工作上管得比较多，不利于学校的发展。

在大学，教学、研究、推广三者之间的关系是怎么样的？

教学对研究有铺垫的作用，但是，教学特别是基础教学不容易被别人重视，大多数的学校、教师和社会的人不重视我们高等教育中的教学工作。大学的四年教育就更不被别人重视和注意，也很难有比较大的成绩。

研究在今天变得越来越重要，研究的基础是建立在教学上的，人才大多是在研究生时期出来的。研究可以非常直接和非常专业化，研究的问题和结果也可以有名有利，可以为学校带来更多教学以外的一些东西，不是所有的大学都适合进行研究，需要团队、教师、课题、经费、实验室等。

推广是一个应用的过程，我们办学要有一个比较长远的、发展性的目标和思路，对我们所要发扬和坚持的东西可以进行细化，在广度和深度上做文章，了解我们的任务是什么，是论文、研究、成果还是著作，控制在一个什么样的百分比比较合适，这会使我们的工作更有针对性。

8月4日　星期四

美国大学的人力资源的构成：法律、警察、保卫部门、后勤、维护人员的办公室；健康、医护、护理人员；书记及秘书人员；专业教授、教师群体；研究生的助教及相关的临时雇佣人员；学生服务咨询人员；科研、研究人员；工程技术管理人员；学校的事务管理人员、学生。这些个群体不是工资级别也不是岗位，而仅仅是保证和维持学校运转过程中的基本群体。

明尼苏达大学的大学机构及基本的人员组成中，人力资源管理是一个非常重要的部门，对各个岗位的设置，安排要制定一系列的政策。就人力资源的人来讲，每个大学的教师、员工可以根据自己的意愿组成劳工组织，维护自己的权益，同学校就涉及自己切身利益的问题进行谈判。

其工作的主要基本宗旨和方法：制定大概的人力管理政策、范围，所有的工作和实施，完全由下面的学院、系和各个部门来进行解决。关于学校员工的工资由各个部门制定，对于各个院系的人事管理主要是由经费来决定的，有多少钱干多少事，根据学校所给的经费进行人力资源的确定,特别是一些岗位的工资确定,也是由各个部门来决定的。

人力资源管理部门与教授会的关系是什么?学校只是提供政策,人力资源管理部门负责学校的管理机构人员的招收,由学校公开聘任,最后由校长决定,或者是董事会任命。

教授的升职是由谁来决定的?还是由教授会决定后由人力资源管理部门来进行执行?学术的教授的升职是在学院和系里,如果出现空职,首先会发布信息,然后在所有的范围进行聘任。主管,招收教师如果出现了问题,由谁来负这个责任?是考核小组?还是主管院长?首先是制度、程序保证招聘的质量,其次,所有的教师聘用的决定权还是在学院和系里,招聘后的教师是有试用期的考察,考察有相应的标准,试用期不合格,可以解聘,如果是已经聘任的终身教授,则就有了基本的保证。

吸引优秀人才都有一些什么样的政策?怎么样保证可以吸引到优秀的人才?完全靠学校的历史、名誉、学术、地位、质量来依托,在全世界、全国的学术杂志和网络上发布信息,然后进行程序的考核和招聘。对行政管理人员有相应的管理机构进行考核和评估，看并列的都有一些什么样的机构。

8月5日　星期五

在美国,各个大学的图书馆现在已经不叫图书馆了,而是开始称为学习资源中心。各个大学的学生宿舍已经不叫学生宿舍,而是开始称为学生学习和居住中心。学校认为,学生的居所,应该成为学生居住、生活、学习、休闲、活动的中心,在这些地方,有建设比较齐全的棋牌室、健身房、计算机室、网络上网室、咖啡厅、小卖部、洗衣房、会客室、小型教室、小型阅览室等,学生一旦入住后,上述的附属设施的使用一律免费。

学生进入学习和居住中心大楼大门和宿舍区,都有两道门禁(自动识别电子卡),宿舍有专门的管理人员,美国各个大学认为,学生课外的活动空间,应该承载着更多的任务,要比在教室里、课堂上的学习更为重要。在这个问题上,我们国内的大学在学生宿舍功能设置、管理思路、管理方式上还存在着很多问题。

8月7日　星期日

我们考察了美国密西西比河源头艾塔斯卡湖公园，还考察了美国西北部农村的农业发展现状、美国印第安保护区域文化。

其实美国的农业非常发达，可以说是现代化的楷模和标准，但是我们发现这种现代化是用金钱堆出来的，美国农民种地国家给钱，卖粮食国家给钱，甚至在贷款、机械、保险方面给予比较大的支持，所以关贸协议在各个国家都是一个形式，取决于国家、政府对该项目有没有实质性的支持，所以贸易保护是绝对的，没有完全的市场经济和自由贸易。

美国印第安民族是一个少数民族，在一些地区设立了保护区域，保护他们的文化、习俗、生活和基本的生存状态，国家对其发展、经济都给予政策上的支持。

美国人实际很习惯一个人独处，经常是一个人独来独往，他们愿意享受这种孤寂和乏味，偶尔大家聚会一下，就觉得非常快乐和幸福。生活也非常的简单，但是如果排一个顺序，吃是第一位的，搬家也非常简单，一辆汽车就可以搬走，而且，经常是举债度日，倒也是一种潇洒的生活方式。

8月8日　星期一

大学的一位学者、教授给我们讲授了美国的政治体制概述和美国冷战及冷战后的大众文化和政治。

教授的感觉：一个陌生的人在一个陌生的国家，分不清东南西北，就是有一些不知所措，现在我看到一个中国学生来美国学习，我认为这是冷战结束的结果，这对世界是一个好事情，为什么美国人做事情是那样的，这里有文化的东西，也有历史的东西。

美国在“9·11”事件以后，开始反思国家的政策，更为强调家庭的重要和亲情的重要。实际上，美国总统要发动战争必须得到美国国会的同意，总统个人意志是很难发动战争的，总统可以执行自己所想要的东西，“我们自己决定自己做，不管别人怎样看我们，在今天这个世界更为重要”。

实际上,美国已经脱离了世界的格局,国家想干什么就干什么,他想打仗就打仗,别人制止不了,因为美国的历史使他们有自己看问题和想问题的方式。

美国的电影是非常重要的文化现象,电影对美国的大众文化、政治、经济、思想、社会都有影响,表达的是一个新世界和旧世界的关系。美国在“二战”以后,把世界分成是新的世界和旧的世界,美国认为,它是代表新的世界,欧洲是一个旧的世界。美国要用自己的方法来拯救旧的世界。美国电影《珍珠港事件》是一个比较纪实的影片,导演是约翰·福特,影片的情节非常独特:山姆大叔是美国动画片的形象,山姆大叔去美国的珍珠港度假,见到了一个人告诉他:你看不到世界的发展,看不到珍珠港的真实景象,有美国人,有日本人,讲两种不同的语言,而这些日本人还在珍珠港当间谍,你要知道我们国家处在一个什么样的境地。主人公开始做梦,发生了战争。随后发生了珍珠港事件和广岛事件,即第二次世界大战亚洲的太平洋战争,这个事件使得美国从独立主义向世界主义转变,事件转变人的思维方式和方法,“世界大战”给了他们很大的摧残,心灵上受到了极大的打击,他们害怕被打败,害怕被消灭,美国人一方面在鼓吹胜利,另一方面希望联合;一方面不希望被打败,另一方面不希望被世界所消灭。

美国人就是带着害怕失败的心理参加了世界的战争,想在世界的战争中确立自己国家的地位。在美国的心理上,有3件事情令他们不愉快:第一件事情是苏联拥有了原子弹,但是美国没有;第二件事情是苏联没有撤出东欧,在世界上占有比较重要的位置,对美国构成比较大的威胁;第三件事情就是1949年中国的国内战争,蒋介石没有胜利,没有能够执政。

在这个期间,美国有35部关于写朝鲜战争内容的电影,但是都没有什么影响,也没有卖座的良好票房,1954年出品的影片《铜钢盔》,导演是塞米尔富勒,这是一部表现和描写反对朝鲜战争的影片,老百姓不知道事情的真正情况,实际上政治的宣传是有片面性的,将军一个人活着回来了,在思考为什么要打仗,将军说,什么也不要管,你来了。朝鲜战争美国人没有达到既定的目的,但是国防和经济有了比较大的发展,有的人认为,朝鲜战争才是冷战的真正开始。

美国害怕失败，但是希望扩张军备，越南战争使人们越来越害怕战争的存在与发展，对战争产生了厌倦。20世纪60年代，对外反战，对内是反各种各样的运动，反战、反共产主义、反对妇女运动等，都纳入了反战的大的系统运动当中。

当时，美国的确有3种比较大的倾向问题：民主党的文化运动，宣扬民主；现实主义，保持面子，与苏联进行合作，这是尼克松访问中国的根本目的。不征兵，把政府与现实的情况分离开来；里根大量扩军民主，推崇道德革命，信仰宗教。所以，当时有人认为就是要发展经济、扩军，推行世界的极端主义。

关于伊拉克战争，有人认为，世界上任何一个比较大的动作，凡是可以破坏美国经济和利益的事件，都是对美国有敌意的，美国在思想上从朝鲜、越南战争中得出的结论，战争要速战速决，拖下去绝对没有好处。这样的时候，美国也有不同的想法，克林顿认为就是要在世界上寻求合作；布什则认为，美国今天的任何失败，往往是在于过多地考虑其他国家的感受，不要管那么多，先发制人。他认为：在伊拉克的问题上，赶走了萨达姆就可以像美国人一样的生活了，实际上他们希望闪电战，但是事实不是这样的结果，"二战"以后，所有的问题都是归结于日本袭击美国的珍珠港。所有的美国军队现在都是职业的军人，而不是原来的志愿军。

美国有一种新军事主义思想，希望有一种新的思考，认为不安定的因素是由于不主动所造成的，所以美国要参与世界所有的事物。

好莱坞也是一个非常政治化的工业，也是一个比较复杂的意识形态体制。

8月9日　星期二

美国学校董事会的主要工作是选校长，他们学校董事会的工作宗旨就是：政策、政策、政策。找正确的人做正确的事。

8月10日　星期三

中国这20年发展速度比较快，美国这20年的发展速度赶不上我们，再加上我们的思维方式方法不一样，所以和美国在很多问题上不可能统一认识，我们更不可能改变他们什么，这就是东西方的差异，没有任何的办法可以解决这个问题。我们在思想上不能要求大同，也不太可能求同存异。抓紧发展是一个正经事，谁经济好，谁国防强大，谁就在这个世界中说话有分量，这是永恒的道理。所以，要求美国的想法跟我们一样或者要求美国理解我们、认同我们的一些事情，不大可能。让我们全盘接受美国的东西，也不可能，我们没有必要刻意地学习美国的什么东西，在一些方面，他们还不如我们。在美国我们所感受到的，美国体制所暴露出来的问题，比我们还要可气，还要烦琐，这就是用哲学的方式辩证地看问题。

8月13日　星期六

参观密西西比河畔市内风光，游览双城地区的市容和街道。

我们参观了明尼苏达市中心的雕塑公园，雕塑公园非常有特点，具象的、抽象的、写意的、现代的、后现代的创作非常多，成为了艺术家展示的空间和创作的园地，还是因为有地方，所以许多作品与环境融为一体，为城市增添了许多艺术气息。我们北京电影学院也可以考虑让学生设计一些雕塑和现代艺术作品，丰富校园的氛围。

访问考察美国最大的室内商业中心——美国大商场，这是我们到达美国除了飞机场以外看到的美国人最多的地方之一，完全是室内的综合性市场，像中国的“庙会”，东西应有尽有，但是管理非常先进，环境非常干净，值得我们学习、考察和体验美国大型商业企业的管理与运作机制。在明尼苏达州的密西西比河桥上，看到了两个现象，一是在河边的草地上，用剪草机剪出一个“美国撤除伊拉克”的字样，据学校的教师讲，这是反战组织在校园的宣传和实际行动；二是在桥头的树枝上，吊着无数双鞋子，这是历届毕业生的作品，号称是要在明尼苏达大学留下自己的足迹，很有创意。但是，风吹日晒，鞋子有的已经很旧，有的灌满了雨水，味道不小，也有点煞风景。

8月17日　星期三

今天与《亚洲研究》杂志的主编讨论中国电影的问题。

美国的大学，特别是学习历史和文化的专业，非常希望了解中国的电影。他们知道张艺谋、陈凯歌、张元、贾樟柯。这位主编是在明尼苏达大学教授东亚语言文学专业的，在清华大学学习过半年的汉语，对中国电影有一些研究，正在撰写有关中国电影方面的文章，希望加强与中国的电影交流。

他谈到在美国看不到近现代的带有英文字幕的中国电影，一些美国电影的批评学者和评论的专业学者（包括我们的电影评论学者和记者），总是从政治、意识形态的角度去读解中国现代的电影，甚至歪曲。关于电影的批评、评论，不是不可以，而是要客观和准确，现在还用这种方法有些过时和牵强附会，如果我们也用这种方法分析所有的美国电影，美国人也不会高兴。

电影应该更多地是从历史、文化、艺术、风格这样四个角度进行分析。看来，加强中国和美国之间的电影文化交流的任务十分繁重，至少要先给美国人民就中国电影的问题进行扫盲。我们的任务首先是给美国人民普及中国电影。

我们比较集中地、近距离地了解美国的办学理念、办学方法，发现他们的各级领导的工作尽责和到位，关键是他们做任何事情都比较细致。美国的高等教育做事更为微观和具体，不讲大道理，不来虚的，从一点一滴做起。有些问题不是我们做不到，是因为我们的历史、文化、体制、习惯完全不一样，有的美国的东西对我们根本没有什么用，我们不用去学，但是有的东西我们要深入地思考，我们怎么样改进我们的规范化问题。

我们与美国的教育还是有差距的，值得我们学习的东西比较多，他们的思想观念、办学定位比我们清楚。没有什么大的口号，实事求是，面对现实，更能知道自己的问题，知道往什么方向去努力。学校的所有教学工作围绕学生、围绕社会、围绕服务，在一些细微之处体现学校的为社会办学、为人民办学、为发展办学的理念，注意投入产出，注意花钱的位置。

8月19日　星期五

美国有护照的人只占美国人口的12%，他们大部分不出国，也不知道别人是什么样的，他们大部分不知道世界发生了什么，他们与世界没有什么交流，大部分的美国人也不读书、不看报、不看电视、不听广播，甚至有的是孤陋寡闻，对外界根本不了解，只是盲目地有优越感，只要知道美国是世界第一，是最好的，他们就高兴，如果哪一天说他们不行了，他们就会很着急。正如一位美国教授所说的："美国是一个很自恋的民族，懂很少的外语，也不太知道世界上的一些事情，知道的人一般是有学问的，但是就算知道也很片面，很偏激。"

在美国，我有几点较深的感受：

1.麻烦多多。自称为自由的国家，结果在今天，由于拉登的存在，致使所有的美国人都对自己的安全心有余悸。造成了今天的美国在飞机场的安检，所有的外国人和美国人，脱外衣、脱皮带、脱鞋子、全身检测，就差把所有人的内裤脱下看一看，摸一下，才能放心。宣称是世界上最民主、最自由的国家，自己却也觉得不够安全，也让世界上的一些国家没有了安宁和稳定。

2.种族偏见。我们北京高校代表团一行18人，从美国首都华盛顿乘飞机去西部城市旧金山(San Francisco)，明明是一个团体，竟然在机场办理登记牌的过程中全部被分解，所有的人都被安排在三座一排的中间座位上，靠窗的座位和靠走道的座位全部是美国人，我们被夹在了中间，引起了大家的强烈不满。我们看一个人、一个国家，不是看他说什么，而是要看他们做什么。在国内我没有这个感受，而在"民主、自由、平等"的美国国土上亲身经历了以后，感受实在是太深刻了。

3.资源浪费。美国是一个极度浪费资源的国家，世界上最少的人，却耗去了世界上最多的能源。我这次在美国切身感受到了他们对能源资源浪费的程度：在夏天，在任何公共空间，不管室外天气如何，气温多少，冷气开得没有止境；洗手间擦手纸的使用浪费惊人，到处是扔掉的纸质包装物；天还没有黑，路灯就早早地亮开了，清晨天早就亮了，可所有的路灯还是开着，在各个州，在各个地方，到处看到的是长明灯大开着；美国是一个没有汽车就无法生存的国度，路况比较好，汽车比较便宜，无数辆汽车在路上奔跑，到处看到美国人一个人孤独地驾车狂奔，燃烧汽油，污染空气，消耗能源。

4.乱吃无度。美国人的“丰满”在世界是有名的。我们看到的是所有人的乱吃无度，随时随地在吃、在喝。我曾经看见一个“丰满的巨人”，手里拿着麦当劳的“巨无霸”，就像拿了两个小馒头。

8月20日　星期六

游览明尼苏达州著名的苏必利尔大湖。苏必利尔大湖是美国与加拿大接壤的五大湖之一，是世界上著名的自然景观和世界保护地，是美国众多的河湖天然良港之一，而且该湖的地理地貌复杂，具有比较高的地理研究价值。

下午在返回明尼阿波利斯市的时候，我们听到了一个不好的消息，明尼苏达州的明尼阿波利斯国际机场的机械师工会于上午11点与明尼阿波利斯国际机场的资方谈判破裂，决定开始无限期罢工。全团听到这个消息十分紧张，因为我们转飞机到洛杉矶以后，才能转乘中国国际航空的飞机飞回北京，如果罢工使明尼阿波利斯国际机场全部瘫痪，我们则将全部滞留明尼阿波利斯市，返京的计划将全部破坏。我们经过研究，采取了一些措施。

经过了解，机械师工会对明尼阿波利斯国际机场的资方准备辞退1.6万员工的决定不满，开始与其交涉，要求资方别裁减员工，他们可以降低一定的工资比例，但是资方没有答应，好在只是机械师工会的单方面行动，所以机场的其他部门还在运转。我们下午6点去飞机场，结果晚上飞机起飞的时间还是耽误了一个多小时，真是让我们捏了一把汗。晚上9点多，飞机在机场跑道上整整等了一个小时，才从明尼苏达州的明尼阿波利斯国际机场飞赴洛杉矶机场。

8月21日　星期日

我们到达洛杉矶机场的时候，已经晚点了一个多小时，我们尽快办好了所有登机的手续，凌晨1点半，飞机滑向跑道，准时起飞。至此，北京高教培训考察团结束了在美国培训的全部行程，离开洛杉矶返回北京。

8月22日　星期一

在美国学习一个月，真正认识了许多东西，对美国的看法也比较清晰了，美国大学有的问题不是我们原来想象的那样，差异比较大，也澄清了一些错误的认识。

飞机上特别冷，睡得不好。

想想一个月，写了这么多，基本上是表达和反映了这次异域之行的感想。每天上课、中午、课间、晚上打开电脑，想到什么就写什么。打字的速度有了很大的提高，算是一点意外的收获。

不写了，到此收手。

再见吧，美国。

北京就在我们的飞机下面了，还是回家的感觉好，回家真好！

英　国：

2006年1月17日—22日，北京电影学院代表团访问英国爱丁堡大学、龙比亚大学、英国电影学院、英国ARRI公司。

英国社会安宁与祥和，城市中没有紧张的空气。我们在18日中午乘火车去英国北部苏格兰城市爱丁堡的时候，看到伦敦著名的中央国王十字火车站更是人员稀少，但是火车站有两个比较有趣的现象，没有供乘车人休息等候的坐椅，也没有存放垃圾的垃圾箱。据火车站的管理人员介绍，由于英国历史和政治的原因，英国北爱尔兰共和军对政府的暴力态度和暴力行为，英国伦敦中央国王十字火车站曾经被炸弹炸过，为防止乘客过多地聚集，也为了防止暴力分子隐藏炸弹，伦敦火车站就不再提供休息等候的坐椅，也不放置垃圾箱。

我们专门参观和体会了英国爱丁堡大学图书馆，进一步学习和了解大学图书馆的管理工作。由于英国的教育制度和爱丁堡大学教学体制和管理传统，爱丁堡大学的学生对图书馆的依赖性非常大，英国所有的大学教育和教学没有专用的教材，没有指定的参考书，教师布置的书目和规定的问题答案，只能在图书馆中找到和解决，结果所有的学生要在图书馆中进行学习，才能够完成作业和论文的工作。图书馆空间巨大，书架展示、公共阅览空间比较多，传统书架与多媒体查询、演示并存，手查借阅和计算机查询借阅并存，专门的计算机教室体现了现代化的精神，爱丁堡大学图书馆的中文图书就有4万多册，他们还准备增加与亚洲有关的图书和音像资料，特别是希望增加与中国历史、文化、电影有关的电影资料和DVD资料。

挪　威：

2006年1月22日—26日，北京电影学院代表团访问挪威政府电影委员会、挪威西谷学院、挪威利勒哈默尔大学、挪威电影学院。

北欧的气候，阴冷、干净、清新、多雪，没有污染，一片祥和与安宁。

首都奥斯陆，正赶上北欧的大雪，整个城市融化在大雪之中。空气格外的好，挪威的汽车在欧洲是比较高级的，他们开车技术也非常好，让我们赞叹他们的勇气和技术，我们乘了2个小时的火车，到达了挪威著名城市利勒哈默尔，这个城市由于1994年举办了冬季奥运会而成为了欧洲的著名城市。

挪威的教育专业人士和教授们，在与我们的交谈中，也表达了一种比较深刻的认识：当今世界的发展比较快，各个著名大学都在增办一些热门专业，例如：传媒、经济、电影、动画、网络、游戏、数字，在发展中国家也是一样，但是在欧洲，大家也在改变一种对高等学校的看法，原来是大家只认学校，不认专业，而现在是只认专业，不认学校。现在，在欧洲衡量一个学校的好坏，主要是看他所办的专业在本国和国际上是不是最著名和领先的，这就要求和限制了一些学校盲目地增加新的专业，而激励学校办好原来的传统专业，谨慎地发展新的专业。

代表团特意乘了2个小时的火车，到达挪威的著名文化和体育城市，曾经举办过1994年冬季奥运会的利勒哈默尔市，我们访问了这座美丽的城市和冬季奥运会的体育设施，在银装素裹下显得格外壮观，但是，由于这个城市太小了，来这里旅游和滑雪的人比较少，大部分体育设施都闲置了，政府维护要花很大的精力和纳税人的钱，所以我们也要关注“后奥运会综合症”的问题。

墨西哥:

2007年8月,我作为团长,率领中国电影代表团出席墨西哥蒙特雷国际电影节。

8月9日

早上我们代表团从北京电影学院出发,在首都机场国际航班办理票务的工作十分缓慢,主要是等候证件审验、验票、排位、办票、托运等手续的时间比较长,我们不太清楚国际航班具体的操作内容和程序是一个什么样的情况,加上有一个赴欧洲的旅游团,所以拖得时间比较长,很多客人在摇头。其实,整个国际出港的柜台就是都在办理乘坐法航AF129航班的客人,工作人员也不少,一个看似领班的女士在一遍一遍地催办理的工作人员:"宝贝儿,加快点速度,抓紧。"但还是不见加快的样子,不像办理国内乘机手续那么便捷。今天所遇到的情况,会给人(特别是外国人)一种整体管理不好的感觉,是偶然情况还是工作人员业务不熟?如果是2008年的北京奥运会,我们将是一个什么样的办理效率?机场是一个国家整体繁荣形象和整体服务的最前沿和最外在的门面,所有的问题、疑问和感觉会产生在这个地方,所以比较关键,海关和出入境及安检方面的工作效率如果比较迅速和有效将会给各个国家的客人产生非常好的印象。

办理完机票,还有一件事情令我百思不得其解,由于是国际航班(法航AF129),具体安排座位的不知道是什么人?我们代表团一行4人,座位安排得七零八落,根本不在一起,反而是所有外国人的座位都安排得不错,靠窗户的、靠走道的,就连赴欧洲旅游团的人,也是四分五散,后来我看见是一个法航的外国工作人员在干这个事。就是因为这点,我对法航的印象极为不好。这是不是机场的惯例?还是法国航空公司的惯例?以前我出国也经历过这事,但是这次印象比较深刻。关键是我们的航空公司是不是也在这样做?将来2008年的北京奥运会,我们是不是也是这样的对待外国客人?我们应该思考我们的态度,我们是怎么样处理这样的情况的。

同飞法国的AF129航班上,有不少的外国人(法国人、德国人、意大利人)他们都带着从中国收养的小孩儿(年龄在1岁左右,基本上没有长牙),这些孩子从各个方面看上去十分健康,发育也十分良好。我们特意询问了一下,大概是甘肃、江苏、河南的孩子。我们粗略地统计了一下,本次航班大概有十多个孩子,数量不少,没有中国方面的人送行,领养孩子的人是结伴带到北京机场,结伴办理相关手续,结伴上飞机,他们之间有的还互相认识(但是似乎不是特别熟悉),在飞机上也互相照应。这些外国人中,基本都是夫妇两人,有的还带着自己的一两个孩子。

我想,孩子的父母及祖辈,此时此刻在怎么想?他们知道吗?他们舍得吗?这些孩子的未来命运是什么样的?这些孩子将来会幸福吗?20年后,这些孩子在异国他乡长大成人以后,他们怎么看待这件事?他们想不想自己的国家和家乡?他们还能够找到自己的出生城市和家里的人吗?他们还想看到自己的父母吗?这些年一共有多少这样的孩子这样“出国”了?

我们10点从北京起飞,经过近九个多小时的长时间旅途,到达欧洲的著名机场法国戴高乐国际机场,再转乘法航AF434航班飞往墨西哥城,经过近十一个小时的飞行,于当地时间晚上到达墨西哥著名的城市墨西哥城。这是我们代表团始料不及的,根本没有心理上的准备,在飞机上的经济舱内的狭小的空间里,连续坐二十多个小时,是一件非常辛苦的事情。

在飞机上,乘务员发给了我们入境的相关表格,但是所有入境表格上的标示都是西班牙文,谁也看不懂,就问我们座位后面的两位墨西哥美女,两位美女是墨西哥的大学生,她们用英语非常认真地帮助了我们,我们在她们的指导下,胡乱填写了一下。

由于我们是墨西哥的电影节邀请的客人,所以所有的入关手续在办理大使馆签证的时候就已经基本上帮助我们做完了,所有我们填写的入境表格没有什么作用,我们把相关的手续交到了签证官的手里,当我们还在为此忐忑不安和着急的时候,结果什么事也没有,就OK了,我们的入境过程十分顺利。

在国内,坐飞机去新疆(约4个小时)和海南(约3个小时)就已经觉得十分漫长了,随着国家的富足和改革开放,国人出国乘坐八九个小时的飞机已经是家常便饭。但是像我们这样连续坐了二十多个小时的飞机(在巴黎机场等待4个小时)的情况,还是从来没有体会过的,真是感觉有点吃不消了。

时差真是一个非常莫名其妙的东西,我们怎么样的计算,也没有搞清楚具体的时间关系,主要都是因为白天和时区的关系。东西半球的国家的时间中,黑夜、白天是完全相反的,我们在墨西哥早上 8 点刚刚起床,北京已经是晚上 9 点了,有的人则该开始洗洗睡了。

墨西哥城是墨西哥最著名、最大的城市,一千八百多万人口,城市像摊大饼一样无限度地发展,很多地方城市设施跟不上,到处是“生活死角”,房子维修比较差,汽车巨多,但是路上跑的大多是 20 世纪六七十年代的车型,没有什么好的汽车,偶尔看见一两辆宝马或者是奔驰,会让你眼睛一亮。城市的公共设施情况整体不好,像最大城市广场的地都是破旧的砖,垃圾也比较多。墨西哥是一个多地震的国家,地质的变化比较大和其他各种各样的原因,许多教堂由于年久失修,已经倾斜,政府也只是在里边支一些架子,防止其倒塌,不敢想象以后的情形。

墨西哥人的生活习惯和我们十分不一样(也可能在实行夏令时的缘故),早上 7 点半天才亮,中午的饭要在下午 3 点才开始吃,晚饭要到 9 点才吃,我们刚开始还以为人家怠慢我们,一到中午 12 点就饿得前胸贴后背了,加上时差的缘故,结果是整天头昏脑涨,不知所措。

墨西哥这个国家比较“牛”,到处的文字全都是西班牙文,在他们的心目中,全世界的人都应该讲西班牙文,其实西班牙文是西班牙的国语,由于历史的缘故和西班牙历史上对墨西哥的侵略,墨西哥开始讲西班牙文。他们很少讲英语,偶尔遇到讲英语的人,也是比较费劲去猜他在说什么。

墨西哥也没有什么国际意识,在电影节中,根本没有英文的翻译表述,讲话就是西班牙文。所以看来一个国家的开放,不仅仅是在经济上,还在于城市各种各样形式的语言文字的对外宣传,特别是一个国际化的城市,能不能给外国人形成一个比较方便的生存环境,是一个比较重要的标志。

我们从墨西哥城下飞机的时候,在机场上没有看见什么中国人,看来前往墨西哥有着非常遥远的路程,不像我们在法国戴高乐国际机场看到的情形,到处是中国人,以旅游的人数居多。机场很多的免税店直接用中文写着“本店有会讲中文的服务员,购物可以用人民币结算,欢迎光临”的字样，说明人民币的币值坚挺，也说明国家的强大对世界的影响。

8月10日

第一天的活动我们主要是参观和感受墨西哥城。先是参观了位于墨西哥城的几处教堂和遗址，这些历史遗迹的建筑保护和利用都比较好，修缮也比较到位，基本上是“修旧如旧”，绿化也比较得体，也比较考虑周围的建筑与环境的适应。总体上游人不算多，比较有秩序。

我们特意参观了位于墨西哥城北部40公里处的太阳金字塔和月亮金字塔，非常壮观和具有气势，堪称可以和我们的长城相媲美。其中太阳金字塔是墨西哥最大和最负盛名的金字塔，由于年代的问题，金字塔全都在进行维修，基本上我们看不到当年的情形，都是用水泥和火山石砌筑而成，景区内部没有铺设什么水泥道路，基本上是土路，太阳金字塔和月亮金字塔周围没有什么绿化，只是在周围的一些地方集中种了一些仙人掌和树木。太阳金字塔和月亮金字塔是阿兹特克人所建的特奥蒂瓦坎古城遗迹的主要组成部分，有古城之说，也有古代陵墓之说，但是从天文和数学的角度，该建筑都是比较先进的，也是墨西哥阿兹特克文化保存至今的最耀眼的一颗明珠，其中的太阳金字塔高65米，体积一百多万立方米，是当年祭祀太阳神的地方，1988年联合国教科文组织宣布太阳金字塔和月亮金字塔古迹为人类共同遗产。

墨西哥的旅游十分发达，也比较规矩，但是有些情况与我们国家基本相同，先是早上拼车，把从各个饭店接来的客人，集中到一个饭店，然后再重新组合、分车，车到地方，也是宣布停留的时间，照顾一些自由活动的客人自己行动，解说比较详细，但是带有印第安口吻的英语，听起来比较累，后面的活动除了必要的参观旅游之外，也是拉着客人到旅游景点的商场、购物中心和固定餐饮地方让客人消费，但是做得比较得体，然后导游和司机白吃白喝加上“提成”。

城市内的教堂、广场、遗址、街道、建筑都保存得比较好，我们从这些建筑中，看到国家被侵略的历史，看到这个国家的民族文化和发展。墨西哥城新的建筑不多，也没有什么现代化的气息，很多的建筑比较破旧。

从墨西哥的历史，我们可以感受到，多少世纪前的古代遗迹在墨西哥到处都是，也正是这些东西在支撑着今天的国家文化和历史，同样所有国家的历史和文化在过去都是灿烂的、辉煌的，今天我们的人能给后人留下什么，用什么样的文化、遗迹来感染我们的后人？

墨西哥人生性热情奔放，夜晚下的城市广场，一些年轻人在激烈的鼓声中跳民族的舞蹈（印第安舞蹈），节奏欢快、动作奔放，而一些老人则在咖啡馆、酒吧饮酒喝咖啡，聚会交谈。这与我们国家形成了鲜明的对比，我们的老人大多是在街上跳舞、扭秧歌、散步，而年轻人则大多是在网吧上网、咖啡馆喝咖啡、酒吧饮酒，真是不可思议。

8月11日

早上9点半，我们奔赴机场，乘墨西哥航空公司的班机飞往蒙特雷市。

由于乘坐的是墨西哥国内的航班，所以更没有人说英语，我们光是找办理登记登机手续的柜台就花了很多时间。不知道什么原因，墨西哥机场国内航班登机检查没有X光行李检验系统，所有的托运行李就是靠几位女士在一个专用台子上用手翻一翻、看一看。所以，我们戏称"机场安全、安检基本靠手"。

下午1点半，准时到达这次墨西哥电影节的主办地蒙特雷市，蒙特雷市是墨西哥北方的一个重要的州府所在地，也是墨西哥一个比较重要的工业城市，主要有矿山、机械、制造、玻璃、农业等，由于靠近美国的德克萨斯，开车大约两个小时就可以到达，蒙特雷市城市的整体感觉比较有生气、活泼，建筑也比较新，整个的建筑风格和环境感觉像是美国。

8月12日

来到墨西哥已经3天，不知是什么原因，我们都无法适应，时差的颠倒、饮食的味道、吃饭的时间越来越不适应，现在想起来，到我们学院访问的外宾的神情，看着他们心神不宁就知道是时差在作怪。另外，中国人出国的主要障碍现在是饮食的问题，吃一顿西餐还没有什么问题，天天吃，真受不了。所以我们经常说："征服一个人的心，首先是要征服一个人的胃。”看来这个话是千真万确的。

连墨西哥人自己也这样说，他们的祖先是蒙古人，是在很久以前，在冰冷的冬天徒步穿过白令海峡，来到了南美洲，他们祖先印第安人实际上就是蒙古人的后裔，我们感觉到墨西哥的饮食、崇拜、生活、建筑等各个方面，有蒙古民族的痕迹。

我们形容墨西哥是一个美女如云的国家一点也不为过，在墨西哥城，到处可以看到美女，西班牙人后裔、印第安人后裔以及蒙古人后裔所“创造”的美女，真是身材突出，形象靓丽，风情万种。

8月13日

墨西哥的城市主要街道是划分双行车道的，但是一些比较窄的街道完全是单行车道，还可以在路边上停车，基本上没有堵车的现象，甚至在一些主要的街道上，汽车是禁止左转弯的，而是让汽车利用前面的道路立交和专用的左转弯车道进行调头，然后回来后再进行右转弯，达到了城市汽车疏导的作用，十分有效，值得我们国家学习。

参观蒙特雷市的现代艺术博物馆，由于是一个规定的日子，不收门票，现代艺术博物馆中展出国家收藏的各个时期和各个国家美术大师的作品，也有墨西哥本民族自己美术家收藏的各国美术作品。观看美术作品不许离得很近，也不许用闪光灯照相。整个博物馆的设计别具匠心，有非常好的风格和效果。

墨西哥的朋友告诉我们墨西哥的男人要剽悍、强壮，抽烟、喝酒、骑马、泡女人都要会，而女人则要贤惠、顾家、能干。这是他们祖先传下来的传统。

可能是现代经济的发展和社会的富足，也可能是西方饮食的结构和热量的关系，在墨西哥的几天里，我们看到了许许多多的“胖子”，我们赞叹他们的勇敢和乐观，勇敢的是无论自己怎么样的“丰满”，也不惧怕别人说三道四的目光，一副爱谁谁的样子；乐观的是在什么时候吃饭，都不想着自己的体重和体形，始终想着的是怎么样充分享受自己的生活。所以我们感觉是到了唐朝，他们的审美观念是以胖为美、以胖为荣、以胖为尊，他们的身体各项指标和素质到底怎么样,我们不太知道,但是不管怎么样他们满足了胃口和精神,也是一种幸福。

8月14日

我们开车参观了墨西哥蒙特雷市最著名的国家公园——野生动物公园,在一个方圆几十平方公里的地方,有山、有树、有水、有灌木林、有草原、有丘陵和沟壑,在这个地方散养着斑马、梅花鹿、大象、骆驼、羚羊、岩羊、野牛、山羊、鸵鸟、非洲野牛、河马、野驴等各种各样的动物,动物各自以自己的地盘为居住和活动的区域,空气中弥漫着动物的气味。

在墨西哥蒙特雷市的各种各样的艺术馆、博物馆,建筑非常美丽,从城市的整体规划上非常有想法,空间的利用也很合理,色彩是一个比较大的特点,比较鲜艳和强烈、粉的、黄的、绿的、玫瑰色的,具有强烈的墨西哥的风格,城市中到处是雕塑、壁画、坐椅,成为一个安定、安宁的城市的一个重要标志。艺术馆、博物馆由于是有相关的规定,对学生和外国参观游客是免费不收门票的,我们参观的现代艺术博物馆就是这样的。在街上买东西比索(墨西哥钱)和美金通用,看上的东西,好一点的东西,都是中国制造。墨西哥是一个非常有趣的国家,在政治上、思想上、经济上非常地蔑视美国,但是在实际上又是非常喜欢美国,例如特别喜欢美金,当你付美金的时候,老板完全是另外一种态度。

8月15日

墨西哥蒙特雷的城市人口,是按照收入和地位的层次划分不同区域居住的,分为富人区、中产阶级区、贫民区,他们居住的区域之间的汽车、住宅、上学、购物、街道、安全、卫生、感觉是完全不一样的效果,而且他们的生活是老死不相往来,没有接触、没有交流,没有融入的关系。贫民区的一家人可能是很多的兄弟姐妹和他们孩子都住在一起,穷人真的对自己没有什么要求、没有什么追求,工作也不好好干,有一点钱就去消费和喝酒,整天脏脏的样子,城中心目前完全成为了穷人的聚集地,政府也没有什么办法来治理。而在外面的一些富人街区,街道规划非常好,绿化也非常好，非常的有品位，富人们经常聚会，我们还参加了一个富人区举行的一个美术家的油画作品发布会，很多艺术收藏者前来欣赏和购买，由于蒙特雷市是离美国比较近的工业城市，整个富人区的设计的街区完全是美国的样子和风格。对于此种情况，我们不知道应该说什么。

8月16日

墨西哥人有个特点，什么事情都敢迟到，我们代表团感触比较多，开会迟到、晚宴迟到、聚会迟到、约会迟到，基本上没有什么谱，所有的人都还有耐心等待，说好了的晚上7点开始的电影节活动，经常就拖到了8点才正式开始，没有埋怨、没有暴躁，就是说别人约他的事情他迟到，他主动约别人的事情他也迟到，别人约他吃饭他理所当然会迟到，他主动约别人吃饭他也理所当然的迟到，太有意思了。经常是晚上约好的小型酒会、聚会、见面，往往是半夜以后才来，来了以后也不解释什么原因，待一会儿就走，可能是习惯，也可能是风格。

日　本：

2007年10月，我作为中国电影代表团的副团长，率团访问日本，出席日本横滨国际电影节。

2007年第二次来到日本，每一次都有不同的感受，会对这个国家和城市有新的认识，依旧是整洁的城市和整洁的环境，所有的事情都是处在一种井井有条的状态。但是我在东京没有感觉到日本人所说的那种快节奏和压力，日本的各个城市所有的在街上行走的人，着装都比较讲究，这是一个城市的文化和名片，也是一个国家的对外形象。

城市干净，建筑也保护得非常好，特别是对具有传统色彩的建筑，修旧如旧，但是新建的建筑非常有文化气息和时代感，日本由于地域和环境的问题，没有很大的空间发展，所以，建筑上只能是利用环境、利用空间、注意节约。

日本的女人也有很早就结婚生子的，一些日本女人认为，婚姻是男人和女人的重要纽带，也是家庭存在的重要平台，同时是两人之间重要的交流平台，日本的女人还是对婚姻抱有比较多的希望，她们认为女人是维持婚姻的重要因素。在日本我们看到许多的年轻人结婚后育有3个孩子，我们问："为什么？"他们说，由于日本国家的政策，当一对夫妇育有第三个孩子的时候，国家将承担所有的费用，所以已经生了两个的，就索性达到3个，还可以享受国家的相应补贴。

日本的农村建设，在房屋的豪华程度上有的甚至赶不上我们南方的农村，但是日本的农村非常的干净，甚至有的地方超过了城市和公园，这是与我们的农村最大的区别，农村的道路修建得也非常规矩，行车、行人都是按照城市的规定进行。

日本的城市规划非常好，建筑和施工也非常注意"标准化"，保护环境的和谐与统一，注意整体的关系。都说建筑是艺术，在日本的城乡建筑中得到了体现，所有达到建筑的技术标准是一样的，但是整体的外观和内在的风格上是不一样的，体现了一种"百花齐放"的效果。而我们的部分建筑则完全不一样，设计风格雷同，施工外观雷同，材料质地雷同，从观念上没有追求，最终完成的建筑太过于工程化、机械化、标准化，缺乏个人的风格和追求，缺乏艺术的品位，缺乏生活的气息。

日本的中小学着装是统一的，但是在设计上比较注意年轻人的欣赏特点和审美的需要，有特色但是不张扬。

都说日本的男人是一个比较奇特的族群，每一天的晚上加上吃饭，至少要喝两回酒，大都是几个比较要好的哥们儿，各付各的账，虽然不是喝得酩酊大醉，也基本上差不多。我问过他们，都说不愿意回家，回去早了让夫人说自己没有朋友和交际的能力，另外自己的工作压力太大，喝点酒有利于放松和休息。每月的25日是日本各个公司和社团发工资的时间，在这几天前，各位男人就很少出来喝酒了，因为手里夫人给的钱已经没有了，没有钱再负担自己的吃喝了，所以都在家里歇着，准备新的一个月的开始。

日本福冈附近的一个县里，在深山的地方，不是为了交通，纯粹是为了旅游、为了观光、为了宣传本地区的旅游和推广县里的农副产品，在一个山涧里修建了一个“九重梦大桥”，桥的全长390米，与山涧的最大深度173米，虽然是耗资不少，但是修建好了以后，名声大震，原定计划要大约一年才能够收回成本，结果旅游人数的增加和其他收入，半年就完全收回了大桥的建设成本，而且势头越来越好。但是，也带来了负面的影响，大桥修建好以后的几个月中，就常有人跳下。

日本是一个非常特殊的国家，因为它属岛国，所以它的思维我们永远没有办法真正地体会到。

（京）新登字083号

图书在版编目（CIP）数据
还是同学少年 / 张会军著.
–北京：中国青年出版社，2008

ISBN 978-7-5006-8403-9
I.还… II.张… III.纪实文学 – 中国 – 当代
IV.125
中国版本图书馆CIP数据核字（2008）第137893号

作　　者：张会军
责任编辑：李晓丽 王飞宁
装帧设计：张清工作室
出版发行：中国青年出版社
社　　址：北京东四十二条21号
邮　　编：100708
营销中心：010 – 84039659
编辑电话：010 – 64010551
电子邮件：wangfeining@126.com
印　　刷：三河市君旺印装厂
经　　销：新华书店
规　　格：700×1000　1/16
印　　张：14.25
字　　数：150千字
印　　数：1–10000册
版　　次：2008年11月北京第1版
印　　次：2008年11月河北第1次印刷
定　　价：25.00元

照片提供：北京电影学院